WALLAC[illegible]TTLES

JN334728

# 確実に
# 金持ちになる
# 「引き寄せの法則」

ウォレス・ワトルズ
川島和正 監訳

THE SCIENCE OF GETTING RICH

三笠書房

THE SCIENCE OF GETTING RICH
By WALLACE WATTLES
Illustration Akira Igarashi
Edit cooperation BABEL K.K.

監訳者まえがき

THE RIGHT TO BE RICH

# 莫大な「お金」と、「真の幸せ」を引き寄せた秘密

今から約30年前、私は普通のサラリーマン家庭に生まれました。

そして、ごくごく平凡に育ちました。お金持ちとは完全に無縁で、自分が将来お金持ちになれるなんて夢にも思っていませんでした。

**ところが、数年前に「お金を引き寄せる秘密」を知ってから、私の人生は劇的に変わりました。その後の私の収入は、右肩あがりで上昇していったのです。**

そして、気づいたときには年収1億円を突破していました。「お金を引き寄せる秘密」を知ったことにより、お金がどんどん集まってくるようになったのです。

「お金を引き寄せる秘密」を知ったときから、目の前にお金のなる木がたくさん現れるようになりました。しかも、すでにお金がなっている木ばかりが。木を揺らすだけで、お金が降ってくる状態だったのです。

はじめは、とても信じられず、恐る恐るお金を手にしました。しかし、次第に慣れてきてどんどんお金を収穫するようになりました。そしてほぼ自動的に、年収1億円以上になってしまったのです。

それから、私は、**自分と同じようにお金を大量に収穫している成功者たち**と話してみました。

話してみてわかったのは、**成功者たちはみな、「お金を引き寄せる秘密」を知っている**ということでした。そして、「お金を引き寄せる秘密」を信じて行動しているということでした。

逆に、**お金を収穫できない人たち**とも話してみました。話してみてわかったのは、**みな「お金を引き寄せる秘密」を知らない、もしくは信じていない**ということでした。私が彼らに、お金のなる木の話をしても、そんな木は存在しないと否定する人ばかりです。

さらに、「お金を引き寄せる秘密」を知っている成功者たちと話す中で、興味深いことがわかりました。

成功者たちは、それぞれ様々なところから「お金を引き寄せる秘密」を学んでいたのですが、そのルーツをたどると**〝1冊の本〟**にいき着いたのです。

数多くの成功者たちが学んできた「お金を引き寄せる秘密」はどれも、100年も前に書かれた**〝1冊の本〟**の影響を受けたものばかりだったのです――。

この**100年前の〝1冊の本〟**とは――？　そう、あなたがまさに今、手にしている『確実に金持ちになる「引き寄せの法則」』です。

ウォレス・ワトルズというアメリカ人によって書かれた本で、「お金を引き寄せる秘密」が具体的に解説されています。

不変の原理原則に基づいているので、現在でも有効な方法ばかりです。

100年もの間、読み継がれてきた本書を読めば、あなたも多くの成功者を生みだした「お金を引き寄せる秘密」を知ることができます。

**そして、「お金を引き寄せる秘密」を信じて行動することができれば、お金のなる木が見えるようになります。**

お金のなる木が見えるようになれば、あとは自動的に収入は増えていきます。

無理に頑張らなくても、リスクを抱えなくても、お金がどんどん集まるようになるのです。

あなたは、お金の流れを手にすることで、お金で解決できることはほとんど全部解決でき、なおかつ、自由に使える時間や健康的な暮らし、周りの人を助けたり、支えたりするパワーも手にすることができます。

あなたが、もし今よりもっと幸せになりたいのであれば、まず、この本を読んでみてください。

そして「お金を引き寄せる秘密」を活用できるようになれば、あなたの元にも自動的に富が集まるようになり、**今より、経済的にも精神的にも時間的にも、豊かになることができます。**

川島和正

## はじめに

THE RIGHT TO BE RICH

# ウォレス・ワトルズから、今すぐ、巨万の富を得たいあなたへのメッセージ

**本書は、すぐに役立つ実用書です。**

哲学書でも、理論を並べた学術書でもありません。

「とにかくお金が欲しい」

「まずは、早く経済的に豊かになりたい、理屈はあとでかまわない」

「これまで難しい理論はいっさい学んだことはない。それでも豊かになりたい」

「仕組みはわからなくてもいいが、実践的で効果のある科学的な法則を知りたい」

そんなあなたのために、本書は、やさしく、わかりやすく書かれてあります。

**本書に書かれてあることは、そのまますべて信じてください。**

発明王エジソンや、無線電信を発明したマルコーニが発表した、〝電気の法則〟のようなものだと思ってください。

信じてためらわずに実行すれば、これが正しい法則だと証明されるでしょう。

**信じて実行すれば、誰でも確実に金持ちになれます。**

**失敗は、ありえません。**

**なぜなら、本書で紹介している原則は、完璧な科学そのものだからです。**

理論的根拠を確かめたいと思われる方がいるかもしれないので、この法則の土台となっている考え方を紹介しておきましょう。

この、確実に金持ちになる「引き寄せの法則」は、〝宇宙一元論〟という宇宙観に基づいています。

**これは、「1つは万物、万物は1つ」（すべてのものは、あるたった1つの物質からできている。物質界にある様々な元素は、ある1つの物質が形を変えただけ**

**のものである）という考え方です。**

宇宙一元論は、すべての東洋思想の基盤になっています。

さらには、デカルト、スピノザ、ライプニッツ、ショーペンハウアー、ヘーゲル、エマソンらの思想の根幹にもなっています。ヒンズー教に起源を持つこの思想は、ここ200年の間に、ゆっくりと西洋社会に浸透していきました（この理論について詳しく知りたい方は、ヘーゲルらの著作を読んでみてください）。

本書は、シンプルに、わかりやすく書かれていますから、あなたにもすぐに理解していただけると思います。

また、本書で紹介しているノウハウは、哲学的原理に基づいています。**徹底的にテストされ、実際に効果があるという確かな結果が得られたものです。**

ですから、あなたも富を得て、豊かになりたいのであれば、ぜひ本書のとおりにやってみてください。確実に金持ちになっていきます。

Contents

第2の秘密

## この世には「確実に金持ちになる法則」がある

――万物の発展には、ゆるぎない原理原則があると知る



第3の秘密

## 世の中には「無限の富」がある

――競争思考に陥らないために、今、理解しておくべきこと

## 第4の秘密

# 「引き寄せの法則」とその具体的な使い方

## ――無から有を生みだすたった1つの力《パワー》とは？

## 第5の秘密

# 金持ちになるための「考え方」

## ——繁栄することが、すべての命の本質的な望み

第6の秘密

## 「無限のお金」が生みだされる仕組み

——自分をクリエイティブな状態に引きあげる法



第7の秘密

## 無限の力《パワー》と一体化できる「感謝の法則」

——「ただ1つの物質」に、イメージを投影する実践法

## 第8の秘密

# お金を引き寄せる「イメージ・決意・信念の法則」

## ──願いを上手に確実に伝えるには？

第9の秘密

## お金を引き寄せる「強い意志の法則」

――意志の力を、自分に集中させるのが鍵



第10の秘密

## お金を引き寄せる「創造の法則」

――創造力をめいっぱい発揮するために気をつけたいこと

## 第11の秘密

# いよいよ、莫大な富を受け取るために

## ――何をどうすればいいのか？ 実践的な行動のハウツー

第14の秘密

## 愛され、好かれ、人を惹きつけて金持ちになる法

――豊かな人間関係は、孤独を癒し、真の充足を運んでくる



第15の秘密

## 賃金労働者から大金持ちになる方法

――出世も、起業も、思いのままに！

第1の秘密

THE RIGHT TO BE RICH

# あなたには「金持ちになる権利」がある

——富を引き寄せる人の「思考法」を知れば、
意識に強烈な革命が起こる

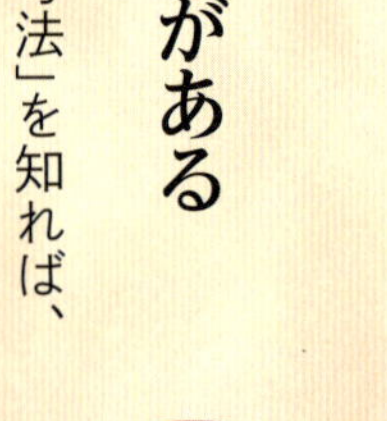

世の中には、「貧しいことは、いいことだ」などと口にする人が多くいます。

しかし、お金がなければ、本当の意味で幸福な人生、健康的な生活、成功した人生を満喫できないのが現実です。

自分を成長させ、才能を伸ばし、精神を高めるには、様々なものが必要です。

そしてそれらを手に入れるには、お金がなければなりません。

現実の社会で形あるものを手に入れるには、やはりお金が必要なのです。

そのような意味で、**確実に金持ちになる「引き寄せの法則」は、人間として、**

あらゆる成長を遂げるための基盤になるといっていいでしょう。

## あなたは、何のために生まれてきたのか？

**生命の目的は、「向上していくこと」です。**

命あるものはすべて、成長し、持てる可能性を最大限に発揮する権利を、生まれながらに持っています。

生きる権利とは、「知性」「精神」「肉体」において、最高の能力を発揮するために必要なあらゆるものを、無制限に自由に使う権利のことです。

**生きる権利があるとは、言い換えれば、「豊かになり、金持ちになる権利がある」ということです。**

本書では、「豊かさ」という言葉を、比喩的な意味で用いているのではありません。

物質的にはもちろん、現実に、金銭的にも十分満たされているということです。

本来なら、もっと豊かに恵まれた生活を楽しめるはずの人が、あえてそれ以下の境遇に甘んじるべきではありません。

命は、進歩し、繁栄することを求めるのが自然です。

**健康、知識、力、気品、美しさ、楽しい経験、感動的な発見……人生を豊かにするあらゆるものを、誰もが手に入れているのが本来の姿です。**

貧しさに安住するのは罪といってもいいでしょう。

## 世界の見方を変えれば〝財布の厚み〟も大きく変わる

豊かな人とは、人生を満喫し、欲しいと願うものすべてを手に入れている人のことです。

そしてそうあるためには、やはり経済的に豊かでなければなりません。社会が発達して複雑化した現代では、ごく普通の人が、ごく普通の生活を送るだけでも、とても多くのお金が必要になっています。

また、〝自分の能力を最大限に伸ばしたい〟と思うのは、人間の本能です。この気持ちは、人間に生まれながらに備わる、ごく自然な欲求です。この欲求を満たすためにも、お金は必要なのです。

**「なりたいもの」になること——それが人生における成功です。**

しかし、それを実現するには、様々なものが必要になってきます。したがって、そういう**必要なものを自由に買える金持ちになるための「引き寄せの法則」は、あらゆる知識の中でも、最も重要な知識**なのです。

金持ちになりたいと願うことは、決して悪いことではありません。恥ずべきことでも、いやしいことでもありません。豊かになりたいと思わないほうが、むしろ病的といえるでしょう。

もっと豊かで満ちたりた人生を送りたいというのは、魂の欲求であり、祝福されるべきことです。

## 生きるかぎり、この3つを発展させることが絶対に必要

**私たちの命には、「肉体」「知性」「精神」を磨くという3つの目的があります。**

この3つには、どれが一番すばらしいとか尊いといった順番はつけられません。どれも同じように大切で、3つすべての要素がそろって磨かれてはじめて、完全になるのです。

ひたすら精神を高めることだけを追求する生き方が、崇高な生き方ではありません。肉体を鍛え、知識を蓄えることを否定するような態度は間違っています。

また、知性だけを高めて肉体や精神の成長をないがしろにするのも同じです。

もちろん、知性と精神をないがしろにして、肉体を鍛えるためだけに生きれば、どんな悲惨な結果になるか、おわかりかと思います。

**人は、「肉体」「知性」「精神」の3つを存分に開花させてこそ、真に満たされた人生を送ることができます。**体のどこかに悪いところがあれば、本当に幸せな満ちたりた人生は送れません。知性や精神にも、同じことがいえます。

もしも、あなたが持てる才能や潜在能力を十分に発揮していなければ、それを発揮したい、能力を磨いて開花させたいという欲求が湧きあがってくるでしょう。

それが人間の自然な欲求なのです。

## あらゆる知識の中でも「最も重要な法則」

満足な食事、快適な衣服、温かい住まいのどれが欠けても、**肉体**的に満ちたりた生活は送れません。過酷な労働に縛られないこと、十分な休息や娯楽の時間を確保することも必要でしょう。

**知性**を磨くには、よい書物や学ぶ時間の確保が必要です。旅行や冒険をして見聞を広めるチャンス、知性を刺激してくれる仲間、知的な娯楽も欠かせません。

芸術作品や美しいものに触れて感動することも大切です。**精神**を満たすには、愛にあふれていなくてはなりません。しかし、貧しい暮らしをしていると、愛情にもかげりが出てきます。

愛する人に何かを与えることができたとき、人は最大の幸福を感じます。「与える」行為は、愛の最も自然な発露です。与えるものが何もなければ、夫や妻、親や市民、あるいは人としての役目を果たせません。

**人が、健康を謳歌し、知性を高め、よりよい精神を育んでいくためには、絶対に豊かでなければならないのです。**

**「金持ちになりたい」という思いは、至極、真っ当な願いです。**

普通の人なら、そう願うのが当たり前です。

ですから、あなたが、『確実に金持ちになる「引き寄せの法則」』に真剣に向き合うのも、ごく自然な行為です。

これは、あらゆる研究の中でも最も崇高で、何より必要な研究です。

これをないがしろにするのは、自分自身に対する義務、神と人類への務めに背を向けることにほかなりません。

生まれ持った可能性を最大限に発揮してこそ、人は神と人類に最高の貢献ができるのです。

**第1の秘密・ポイント**

人間が生きる目的は、「知性」「精神」「肉体」において向上していくことです。そして、これらを手にする人生が人間の本来の姿です。

あなたが金持ちになりたいと思うことは決して悪いことではありません。

豊かで満ちたりた人生を送りたいというのは魂の欲求であります。健康を謳歌《おうか》し、知性を高め、よりよい精神を育んでいくためにも、お金は必要です。

## 第2の秘密

THE RIGHT TO BE RICH

# この世には「確実に金持ちになる法則」がある

——万物の発展には、ゆるぎない原理原則があると知る

**この世には、金持ちになるための完璧な科学である、「引き寄せの法則」というものが存在します。**

**これは、算術や代数などと同じ、完璧な科学です。**

人が金持ちになっていく過程には、ある一定の法則があります。

数学で必ず決まった答えが出るように、これらの法則を学んで実践すれば、誰でも金持ちになれるのです。

お金や財産は、この「引き寄せの法則」にしたがうと、確実に手に入れることができます。意図的にせよ偶然にせよ、この「引き寄せの法則」を実行した人が豊かになるのです。

逆に、この法則にしたがわない人は、どんなに頑張っても、いくら才能を発揮しても、貧しさから抜けだすことはできません。

**「同じ原因は、常に同じ結果を生みだす」というのは自然の摂理です。**

ですから、この「法則」にしたがって行動すれば、必ず金持ちになります。

次の事実を考えれば、これが正しいことは明らかでしょう。

## 金持ちになった人と「環境」との関係は？

**金持ちになれるかどうかは、「環境」で決まるわけではありません。**

もしそうだとしたら、ある町では住人全員が裕福で、別の町では全員が貧しいといった状況が生じても、おかしくありません。

けれども実際には、いたるところで裕福な人と貧しい人が隣り合って住んでいます。しかも、その2人が同じ職業に就いていることも少なくありません。

**同じ地域に住み、同じ仕事に携わっている人間に貧富の差が出るということは、豊かさを決める第一の要因は、環境ではないことを表します。**

もちろん、ある種の環境がほかの環境より有利だということはあるでしょう。

しかし、同じ仕事、同じ地域という条件の2人に差が出るなら、金持ちになるかどうかは、環境ではなく、別の要素にしたがって行動した結果だ、と考えるのが妥当でしょう。

## 「才能」との関係は?

この「引き寄せの法則」を実践するのに、特別な才能はいりません。

世の中には、すばらしい才能があるのに貧しい人がいます。
まるで才能がないのに裕福な人もいます。

裕福になった人たちを分析してきて、明らかになったことがあります。
それは、**彼らがあらゆる面でごくごく平均的であり、特に優れた才能や能力があったわけではない**ということです。彼らは才能や能力のおかげで豊かになったのではなく、「引き寄せの法則」にのっとって行動したがゆえに成功したのです。

**貯金や倹約をしたからといって、金持ちになるわけではありません。**ケチな人の多くが貧しいのに、気前のいい人が莫大な富を手にしている例はたくさんあります。

また、ほかの人がやっていないようなことをすれば裕福になれるともかぎりません。同じビジネスで、ほとんど同じことをしたとしても、片方は成功して、もう片方は貧しいまま、いえ、ひどければ破産するといった差が出てきます。

こうした例を見ると、「引き寄せの法則」こそが、金持ちになる鍵であると結論せざるを得ません。

**「引き寄せの法則」を実践すれば、誰でも金持ちになれるということは、「同じ原因が、常に同じ結果を生みだす」ということです。**

誰がやっても同じ結果が出るなら、すなわち、これは科学の域に達しているといえるでしょう。

ただ、ここで気になるのは、その「引き寄せの法則」は難しくて、実践できる人がほとんどいないのではないか？　ということです。

けれども、これまでの例を見れば、そのようなことはなさそうです。

生まれつきの資質に関していえば、才能がある人もない人も、頭がいい人も鈍い人も、丈夫な人も病弱な人も、同じように経済的に豊かになっています。

もちろん、ある程度の思考力や理解力は必要です。けれども、**この本を読んで理解する程度の力のある人なら、誰でも確実に金持ちになれる**のです。

## 豊かさと「地域」は、関係ないのか？

環境が問題ではないことはすでに述べたとおりですが、ある程度は「場所」が影響することは否めません。

たとえば、誰もいないサハラ砂漠の真ん中でビジネスをしても、うまくいかないでしょう。

**金持ちになるには、人と関わる必要があり、人がいる場所にいなければいけないからです。**あなたのビジネスに興味を示してくれる人が大勢いる場所なら、なおよいでしょう。ですが、環境が影響するのは、せいぜいその程度です。

あなたの住む町に金持ちがいるのであれば、あなたも金持ちになれるのです。

## 「職種」は、影響しないのか？

特定の事業や職業を選んだ人だけが、金持ちになれるわけでもありません。どんな事業を興《おこ》し、どんな職業に就《つ》いても、金持ちになることはできます。

もちろん、好きな仕事や自分に合った仕事のほうがうまくいくというのも確かです。特定の分野の才能があって、そのスキルをちゃんと磨いているなら、その方面の仕事に就くのがベストでしょう。

そして、地域に合った仕事内容を選ぶことも大事です。

アイスクリームを売るなら、寒いグリーンランドより、もっと暑い地域のほうが繁盛するでしょうし、サケを漁るなら、サケのいないフロリダより、北西部のほうがうまくいくに違いありません。

**ただ、こうした一般的な制約を別にすれば、どの仕事に就くかで金持ちになれ**

**るかどうかが決まるわけではありません。**

**鍵は、あなたが「引き寄せの法則」を使うかどうかです。**

同じ地域・同じ仕事で成功している人がいるのに、あなたがうまくいっていないとしたら、それはあなたがその人と同じように「引き寄せの法則」を実践していないのが原因です。

## 「資金、コネクション」はなくても大丈夫か？

「資金」の有無も、金持ちになれるかどうかには、関係ありません。もちろん、資金があれば、それだけ事も運びやすく、短期間で成功できるでしょう。

**しかし、あなたがどんなに貧しかったとしても、「引き寄せの法則」を実行すれば、すぐに資金も集まりはじめます。** 資金の流入は、豊かになるプロセスの一部であり、「引き寄せの法則」を実践したときに必ず起こる現象です。

**あなたが世界一の貧乏で莫大な借金を背負っていたとしても、強力なコネク**

ションや権力が何もなかったとしても、正しい方法を実践しさえすれば、必ず豊かになっていきます。

同じ原因は、同じ結果をもたらします。仕事が合っていないなら転職のチャンスが訪れるでしょうし、場所に問題があるなら移動すればいいのです。

今の仕事、今の場所で、「引き寄せの法則」を実践すれば必ず現実が変わります。

## 第2の秘密・ポイント

この世には、金持ちになるための完璧な科学である「引き寄せの法則」というものが存在します。金持ちになれるかどうかは、環境で決まるわけではありません。特別な才能も必要ありません。貯金や倹約をしたからといって、金持ちになるわけではありません。「引き寄せの法則」こそが、金持ちになる鍵なのです。

第3の秘密

THE RIGHT TO BE RICH

# 世の中には「無限の富」がある

――競争思考に陥らないために、今、理解しておくべきこと

チャンスに恵まれないから貧しいのだ、というのは間違いです。

一部の人が富を独占しようとして、富の周りに高い塀を張りめぐらせている、なんていうことはありません。ある種の仕事に就けないことはあるかもしれませんが、**いかなるときも、ほかに道は開かれています。**

すでに市場を独占している巨大企業の経営者に、今すぐなることは難しいでしょう。けれども誕生してまだ間もないビジネスならチャンスは大いにあります。

通信や宇宙産業といったあらゆる分野において、数十万人、場合によっては数

百万人規模の雇用が発生すると予想されます。無理に巨大産業と張り合わなくても、新しい世界には、チャンスがあふれているのです。

## どんな立場にいても、必ずチャンスはやってくる

巨大企業の一従業員が、その企業のオーナーになれるチャンスは、まずほとんどないでしょう。しかし、**「引き寄せの法則」を実行すれば、早晩、従業員の立場から抜けだせることも、同じように確か**です。

たとえば、小さな農場を手に入れ、農作物を売るといった道もあります。今の時代に真面目に耕作する人には、大きなチャンスがあります。

必ず豊かになるでしょう。

農場ができるような広大な土地を手に入れるなんて、とても無理だと思うかもしれませんが、その考えが間違いであることは、この先を読んでいただければわ

かるはずです。

**「引き寄せの法則」を実践すれば、誰であろうと農場を手に入れられるのです。**

チャンスのありかは、時代によって変わります。人々が何を必要としているか、社会がどの段階にあるかによって、違ってきます。

現在のアメリカの場合、農業と農業関連産業が成長の兆しを見せています。事業家なら、工員よりも農業従事者向けのものを扱っている人に、より大きなチャンスが開けています。サービスに関しても農業向けが有望です。

時代の流れに逆らって泳ぐより、流れに乗って泳いでいく人のほうが、はるかに大きなチャンスに恵まれるのは、事実です。

いずれにせよ、一労働者から経営者になることはできるのです。

**必要なのは、「引き寄せの法則」を実行することです。**

「引き寄せの法則」は、あらゆる人々に等しく作用します。

現状に不満のある人は、自分がその「引き寄せの法則」に逆らっていたことに、まず気づかなければなりません。そして、現状に甘んじていれば、いつまでたっても状況が変わらないことも、知っておかなければなりません。

ここに気づくことができた人は、こうした無知や怠慢から抜けだして、時流に乗り、どんどん豊かになっていくことが可能です。

そして、その方法をお教えするのが、本書の役目なのです。

## 宇宙も、生きものも、すべてはこの「1つの物質」から創られている

富にかぎりがあるから、貧しい人がいるのではありません。

この世界には、すべての人にいきわたってなお、余りある、はるかに豊かな富があふれています。

アメリカ一国で産出される建築資材だけでも、世界中のすべての世帯に、ワシントンの連邦議会議事堂なみの大邸宅を建てられる可能性があります。

アメリカが集約農業に力を注げば、世界中のすべての人に、全盛期のソロモン王の盛装よりも、もっと豪華な服を作れるだけの羊毛や絹を生産できるはずです。

形のあるものでさえ、事実上、無尽蔵《むじんぞう》といっていいくらい潤沢にあるのです。

そして、「形のないもの」は、それ以上に無尽蔵なのです。

**あなたが地球上で目にするものはすべて、「ただ1つの物質」から成っています。すべてはそこから生まれてきます。**

この世界では、次々に新たな形（もの）が生みだされては、古い形（もの）が消滅していきますが、それらすべては、「ただ1つの物質」からできています。

**この形のない「ただ1つの物質」は、無限に存在しています。**そして、決して尽きることがありません。宇宙もそこから生成されましたが、この「物質」が使い果たされることはありませんでした。

今現在も、すべての形ある物質の中に、そして宇宙空間の隅々にまで、この「形を持たない、ただ1つの物質」が満ち満ちています。あと1万個もの宇宙を創ったとしても、この「ただ1つの物質」が尽きることはないでしょう。

この「ただ1つの物質」こそが、万物を構成している材料です。

ですから、資源がたりないとか、すべての人口にいきわたるだけの量がないという理由で、豊かになれないということは、決してないのです。

自然はかぎりない資源の宝庫です。その恵みが尽きることはありません。

## この「形のないただ1つの物質」の特徴

**「ただ1つの物質」は、創造のエネルギーにあふれており、常に新たな形を生みだしつづけています。**

土がやせて農作物が作れなくなれば、養分が補給され、新たに土が作られます。

建築資材がたりなければ、さらに新たに作られます。

金や銀が掘り尽くされても、人類が金や銀をまだまだ必要としている発展段階にあれば、「形のない物質」から、さらに金や銀が生みだされるでしょう。

**この「形のない物質」は、必ず人類の要求に応えてくれます。人類が望むものを与えつづけてくれるのです。**

こうして人類全体で見れば、人間という種は、常に豊かさに恵まれています。

それなのに、個人的に貧しい人がいるというのは、その人が富を得るための「引き寄せの法則」を実行していないからです。


**この「形のない物質」には知性があり、思考する能力も備えています。**

この「ただ1つの物質」は生きており、常に繁栄したがっているのです。

命には、存分に生きようとする知性が、生まれながらに備わっています。

そして、その知性は自らを伸ばし、意識はその境界を広げて、生を謳歌しようとしているのです。

この「形を持たない生きた物質」が、自らをあますところなく表現しようとする営みの結果、この形ある宇宙は創られました。

宇宙は1つの巨大な生き物であり、さらに繁栄し、さらに能力を発揮しようとしています。

**自然は、命あるものが進歩するために創られた庭であり、そこには生命を増やすという目的が内在しています。**

そのため、自然は、人類の向上に役立つあらゆるものをふんだんに供給してくれているのです。神が自らに背いて、その技を放棄でもしないかぎり、必要なものがたりなくなることはあり得ません。

あなたが貧しいのは、豊かさにかぎりがあるからではないのです。

次の第4の秘密では、あなたが「引き寄せの法則」に沿って考えることで、このすべての供給の源である「たった1つの物質」を思いどおりにコントロールできるということ、そして、そのコントロール方法について、詳しく説明します。

## 第3の秘密・ポイント

チャンスに恵まれないから貧しいのだ、というのは間違いです。いかなるときも、金持ちになる道は開かれています。

「引き寄せの法則」を実践すれば、誰であろうと金持ちになることができます。必要なのは、「引き寄せの法則」を実行すること。この世界には、すべての人にいきわたってなお余りある、はるかに豊かな富があふれています。

自然は、「ただ1つの物質」を元にして、人類の向上に役立つあらゆるものをふんだんに供給してくれているのです。

あなたが貧しいのは、豊かさにかぎりがあるからではないのです。

## 第4の秘密

THE RIGHT TO BE RICH

# 「引き寄せの法則」とその具体的な使い方

——無から有を生みだすたった1つの力《パワー》とは？

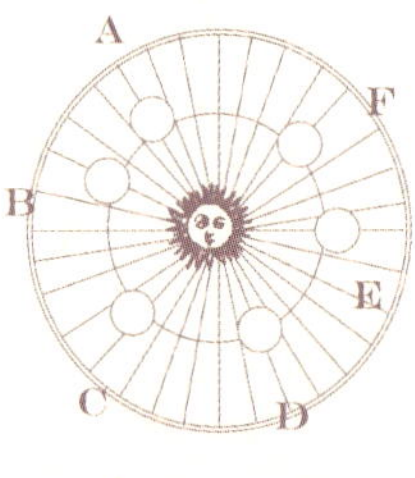


「形のない物質」から、形ある富を創りだせる唯一の力が、思考（思い・イメージ・思念）です。

万物の源は思考です。

生きて思考する「たった1つの物質」の内部に、〝形を創りたい〟という思いが生じたとき、現実に形あるものが生みだされます。

「思考する形のない物質」は、自らの思考にしたがって動きます。

自然界のあらゆる形や事象は、「思考する物質」の内側にあった思考が、目に見える形となって現れたものです。

「形のない物質」が形を思い描けば、その形が生まれます。

動きを思い浮かべれば、動きが生じます。

すべてはそのようにして創造されたのです。

私たちは、その思考から生みだされた宇宙の一部です。

そして私たちは、思考から生みだされた世界に生きています。

## こうして思考は、現実のものとなる

〝活動する宇宙〟という思考が「形のない物質」の隅々にまで広がると、それに呼応して「形のない物質」が動き、惑星系が生まれ、その形が維持されてきました。「思考する物質」は、自らの思考どおりの形を創り、思考のとおりに動きます。

太陽の周りを惑星がめぐる太陽系が思い描かれると、そのとおりの動きをする天体が生まれました。

ゆっくりと成長する樫の木々が想像されると、ときには何百年もかけて樫ができあがりました。

この「形のない物質」には、形を創造するときに、**それまでの動きを踏襲する性質がある**ようです。これは、どういうことでしょうか？

樫の大木を思い描いた瞬間に、成長した大木が現れるということはありませんが、すでに多くの木が育ったときと同じ成長のプロセスにしたがって、木を生みだす力が発動するということです。

樫の木の例のように、「思考する物質」に生じたほとんどのイメージは、すでに確立された成長の法則にのっとって、形を創っていきます。

すばらしい豪邸のイメージがこの「形のない物質」に投影されたときも、いきなりその豪邸が目の前にポンと出現するわけではありません。

商取引において流れていた創造のエネルギーが方向転換して、家を建てるという方向に流れていき、しかるべき資材や人材が集められ、その結果として豪邸が建つのです。

もし、商業ルートのような既存のルートが存在していなかったなら、一瞬にして「第一物質」から直接、豪邸が造られたでしょう。

**つまり、「物質」に投影された思念が、現実の形にならないことはないのです。**

## この世を創りあげている「3つの真実」

人間は、思考する生きものであり、頭にイメージを思い描くことができます。

人の手で生みだされた形あるすべてのものは、まず頭の中に思い浮かべられたものです。

人類はこれまで、自らの手を使って作ることにしか、注力してきませんでした。自然界にすでに存在する材料をあれこれかき集め、組み合わせることで、思い描いたものを創ってきました。

形ある世界にしか目を向けておらず、創造主である《無形の叡智》と協調する、つまり「神とともに創る」という努力はしてきませんでした。

なぜなら、「形のない物質」にイメージを投影して、新しいものを創造するなどという発想がなかったからです。

まさか**「創造主がなさること」**を、**自らもなせる**とは、夢にも思わなかったからです。

私がこの本で目指しているのは、人間には、そのように新たなものを生みだす力があり、誰にでもその力が使えることを証明し、そのやり方を伝えることです。

その最初のステップとして、土台となる3つの真実について述べます。

**第1の真実** 万物は、ただ1つの「形のない物質」から造られています。

様々な種類があるように見える元素も、実際はこの1つの元素が異なる形態で現れたものにすぎません。自然界の有機的、無機的なあらゆる形は、すべて同じ「物質」からできています。

**第2の真実** その形のない「ただ1つの物質」は、「思考する物質」です。

この「物質」が抱いたイメージは、現実に目に見える形となって現れます。

**第3の真実** 思考の生きものである人間は、自ら考えることができる存在です。

その考えを「思考する物質」に伝えれば、そのとおりのものが創造できるのです。

「3つの真実」について、簡単にまとめてみましょう。

1

万物は、ただ1つの「思考する物質」つまり、「形のない物質」が元となって創られている。この「物質」は原始の状態で、宇宙空間の隅々に満ちている。

2

この「物質」の内部に抱かれた思考は、そのとおりの形を現実に生みだす。

3

人は、イメージをこの「物質」に投影することで、創りたいと思っているものを現実に出現させられる。

そんなことを実際に証明できるのか？　という声が聞こえてきそうですが、これは理論と経験の両面から証明可能です。

**形と思考にまつわる様々な現象をつきつめると、ただ1つの「思考する物質」の存在にたどりつきます。**そして、人には考えたものを造りだす能力があるという推論にたどりつきます。

この推論が正しいことも、実験をすることで明らかになります。

これこそが最も明確な証明となるのです。たとえば、この本を読んだある人が、書いてあることを実践して裕福になったとすれば、私の理論の正しさを裏づける事例となります。全員が裕福になったなら、失敗例が現れるまで理論の正しさは揺るぎません。

そして実際、本書の理論をきちんと実践した人は、例外なく豊かになっています。

## 法則にのっとり正しく考える習慣をつけなさい

さて、ここまで私は、「引き寄せの法則」を実践すれば金持ちになれるという事実を説明してきました。

ですが、その法則を使うためには、まず、**「引き寄せの法則」にのっとってイメージを描く**という習慣を身につけなければなりません。

**人の行動には、その人が思い描いたイメージが直接反映されるからです。**

思いどおりに行動するには、〝自分が望むことをイメージする能力〟をマスターしなければなりません。

これこそが、金持ちになるための最初のステップです。

**望むことをイメージできるようになるための鍵は、物事の表面ではなく、「真理」に目を向けることにあります。**

自由にイメージを描く能力は、すべての人に生まれつき備わっていますが、それを実行するには、物事の上っ面を見てイメージを抱くのに比べて、はるかに大きな努力が必要なのです。

見た目に惑わされず「真理」に目を向けてイメージを描くことは、どんな作業よりも多くのパワーのいることなのです。

1つのことをずっとイメージしつづけるのは、ほとんどの人が苦手とするところでしょう。この世で一番難しい作業かもしれません。しかも、表面と「真理」が異なっていればいるほど、この作業はいっそう難しくなります。

## たとえば、「病人」を目にしたときの注意点

目に映るあらゆる現象は、それを見た人に、そっくりそのままのイメージ（思い）を抱かせます。その人が「真理」に目を向けないかぎり、そのイメージから

は解放されません。

**たとえば、病気の人を目にすると、その病気のイメージがあなたの心に形成されます。**病気は表面的な現象でしかないという「真理」に目を向けなければ、やがてあなたの肉体にも病気が現れます。病気はあくまで表面的なものであり、健康こそがあるべき真実の姿なのに、表面的なイメージから影響を受けてしまうのです。

貧しい人を見たときも、そのイメージが心に生じます。それを避けるには、「貧しいという状態は本質的には存在しない、世界は豊かなのだという真実に目を向けなければなりません。

病気の人がそばにいるときに健康を考え、貧しい人に囲まれていながら豊かになるのが当然なのだと考えるには、パワーが必要です。

けれどもこのパワーを身につければ、あなたは人生のマスター《達人》になれます。

運命を変え、望むものを手に入れられるようになるのです。

## この思考法を完璧にマスターするために

このパワーを得るには、あらゆる表層の背後にある本質的真実、つまり、万物は、「ただ1つの思考する物質」からできているということを理解することが必要です。

それを理解したうえで、その「思考する物質」が抱いたあらゆる思念が形をなすということ、そしてイメージを投影することで、思考を現実化できるのだという認識を持たなければなりません。

ここがわかれば、あなたは、あらゆる疑念や不安から解放されます。

なぜなら、すべては自分で創造できることがわかったからです。望むものを手に入れ、なりたいものになることができます。

富を得る第一歩は、先に述べた3つの基本的真実を信じることです。

**万物は「ただ1つの思考する物質」から創られている。**

――この一元論以外の宇宙観は、すべて捨てておいてください。

この観念がしっかり頭に根づくまで、3つの基本的真実を繰り返し読んで、一字一句を記憶に焼きつけてください。当たり前の事実だと心から信じられるようになるまで、何度も思い返しましょう。

疑念が生じたら、疑うことは罪だと言い聞かせて振り払ってください。ほかのことを教える集まりや講義に足を運んではいけません。別の考え方が書かれた書籍や雑誌も避けてください。

間違った知識が混じってしまうと、すべての努力は無駄になります。

なぜ正しいのかと考えたり、理屈を考えたりする必要はありません。

**ただ、事実として受け入れればいいのです。**

金持ちになる理論を身につける第一歩は、この真実を受け入れることです。

### 第4の秘密・ポイント

「形のない物質」から、形ある富を創りだせる唯一の方法が、思考（思い・イメージ・思念）することです。

人間には、「形のない物質」から新たなものを生みだす力があり、誰にでもその力が使えます。

ただ、この力を使うには「引き寄せの法則」にのっとって自分が望むことをイメージする習慣を身につけなければなりません。思考を現実化できるという認識を持ち、疑念を持たずにイメージすることが大切です。

これを踏まえて行動すれば、すべては自分で創造できるようになります。

第5の秘密

THE RIGHT TO BE RICH

# 金持ちになるための「考え方」

## ——繁栄することが、すべての命の本質的な望み

自分が貧しいのは、神の意志だとか、貧しい暮らしをすれば神の御心にかなうのだといった古くさい考えは、今すぐ捨ててください。

**宇宙の万物を創り、万物に宿っている「思考する物質」——つまり「神」は、あなたの中にも宿っています。**

この「思考する物質」は、意識を持って、生きています。そして生きているがゆえに、命を増やしたいという思いを本質的に持っています。

常に広がりつづけようとするのは、あらゆる生命の宿命です。**そもそも生きる**

という行為自体が、増えることを前提としているのです。

種は地に落ちると芽吹き、生命活動をはじめます。そして1粒の種が100粒の新たな種を生みだします。生きるという過程で自らを増殖させるのです。それは永遠に増えつづけます。存在しつづけるには、そうするしかありません。

同様に、意識も広がることを宿命づけられています。何かを考えれば、それはさらにまた別の考えを生みだします。

能力もまた、1つ磨けば、必ずまた別の能力も高めたいという欲求が湧いてきて、高まりつづけるのです。

私たちは、**拡大しつづけようとする生命の衝動**に支配されているのです。

そして、もっと学び、もっと行動範囲を広げ、もっと自分を磨こうとすれば、当然、必要なものも多くなります。**つまり、命を輝かせ、自分を表現し、充実し**

**た人生を送るには、必要なものを手に入れるためのお金が必要なのです。**

## それは、「あなたの中にいる神」の願いが表われたもの

豊かになりたいと願うことは、〝もっといい人生を送る力が、あなたにはある〟ということにほかなりません。あらゆる欲求は、可能性を開花させたいという思いが現れたものです。パワーが、自らを表現したいと願っている状態です。実現できるパワーがあるからこそ、人は願望を抱くのです。

**お金が欲しいと思うのは、植物が成長しようとするのと同じです。もっと大きくなりたい、よりよく生きたいと願う生命のパワーが、表に現れたのです。**

誰の中にもある「思考する物質」も、すべての生命を司るこの法則に支配されており、もっともっと繁栄したいという思いで満ちています。

「思考する物質」は、あなたの中にもあって、あなたがもっと豊かになり、必要なものをすべて手に入れることを望んでいます。

**つまり、あなたが金持ちになることは、神の願いなのです。**

あなたが豊かになれば、神はあなたを通じて、この世界にいっそう豊かに自らを表現できます。あなたに資力があればあるほどいろいろなことができ、神もあなたを通じて生を謳歌できます。

神は、あなたが、求めるものをすべて手に入れることを望んでいるのです。

自然はあなたに協力してくれます。

**あなたのために、すべては、すでに用意されているのです。**

それを、しっかり心に刻んでください。

## 実現する願いには、〝共通の条件〟がある

ただし、あなたが抱く願望は、すべてのものを生みだす、「形のない、思考す

る物質」の目的に合致したものでなくてはなりません。

単に快楽を追い求めるのではなく、〝真の人生〟を望まなければなりません。〝真に生きる〟とは、持てる力をあますところなく発揮するということです。

**「肉体的」「知的」「精神的」、この3つにおいてどれ1つ欠けることなく、あなたに備わった能力を最大限に発揮したときに、あなたは本当に生きたことになるのです。**

肉体的な歓びを満たすだけでは、真に生きているとはいえません。しかし、健全かつ自然な肉体の欲求を否定する人も、真の人生を謳歌することができません。

知的娯楽や好奇心、野心、出世、名声などのためだけにお金を求めるのも間違っています。これらもごく真っ当な生命活動の一部ですが、知的な快楽のみを追い求めるのは一面的な生き方であり、真の充足感は得られないでしょう。

奉仕や博愛、自己犠牲の喜びのためだけに豊かさを求めるのも間違っています。

精神的な喜びもまた生の一部でしかなく、ほかの営みよりすばらしいわけでも、崇高なわけでもありません。

あなたが豊かになるのは、食べるべきときに食べ、飲むべきときに飲み、楽しむべきときに楽しむためです。美しいものに囲まれ、遠くの土地を知り、心を潤し、知性を高めるためです。人を愛し、慈しみを示し、世界中の人々が真実に目覚めるのを助けていくためです。

極端な利他主義は、極端な利己主義と似たようなもので、崇高でも、優れてもいません。どちらも間違った生き方です。

〝神は、他者のために自分を犠牲にすることを望んでおり、そうすることで神の寵愛が得られる〟などといった考えは、捨ててください。

神はそのようなことを、求めてはいません。

**神が望んでいるのは、あなたが、自分自身と他者、双方のために最大限に能力**

**を発揮することです。****それは結果的に、他者に尽くす最善の行為ともなります。**

そして、最大限に能力を発揮するには、豊かであることが絶対条件なのです。

ですから、豊かになることに全力を注ぐのは正しい行為であり、祝福に値することなのです。

ただし気をつけなければならないのは、神が望んでいるのは、**生きとし生けるものすべての繁栄**だということです。

「思考する物質」は、あなたのためにものを創りますが、他者から奪ってあなたに与えることはありません。

## なぜ、争い、略奪する必要はないのか?

**競争心は捨ててください。**

**あなたは、創造者《クリエイター》です。**すでに創造されたものを競争で奪う必要はありません。

奪ったりしなくても、ちゃんと手に入ります。

駆け引きも必要ありません。人をだましたり、だし抜いたり、こき使ったりする必要もありません。人のものを欲しがったり、盗んだりするのも愚かなことです。すべては、奪わなくても手に入るからです。

あなたは、創造するために生まれてきたのです。競争をするためにではありません。

**あなたは望むものを手に入れることができますが、それは、ほかの人にも、より多くの利益がもたらされるという形で実現します。**

世の中には、他人を蹴落《けお》とすなど、これとはまったく逆の生き方をして莫大な富を手にした人もいます。これについて、簡単に説明しておきましょう。

## ロックフェラー、カーネギー、モルガンらが繁栄した秘密

過去には、単純にたぐいまれな競争力があったがゆえに大富豪になることができた人々もいます。

**しかし彼らの行動は、〝産業を発展させることで、人類全体を発展させたいという神の大いなる目的〟に、無意識のうちに合致していた面があります。**

ロックフェラーやカーネギー、モルガンなどがこれに当たります。彼らは製造業の組織化と効率化を果たすことで、知らぬ間に神に仕えてきたのです。

彼らの業績は、世界中の人々の繁栄に大きく寄与しました。ただ、彼らの役目はもう終わりつつあります。製造業を組織化した彼らの仕事は、流通の組織化をもたらす多くの人々によって引き継がれるでしょう。

競争で富を得た大富豪は、先史時代の恐竜のようなものです。進化の過程では必要でしたが、彼らを生みだしたのと同じ力によって排除される運命にあります。また、彼らは、真の意味で豊かだったわけではありません。調べてみれば、富裕階級の人間の多くが、プライベート面では貧しく惨めだったことがわかります。

競争で富を得た人間は真の満足を得ることはできず、その地位も長つづきしません。今日持っているお金も、明日には他人にわたっているかもしれないのです。

## 貧しさを呼ぶこんな思考は、今すぐ頭から追いだしなさい
## ――創造の力《パワー》が、ストップしてしまう！

**科学的で確実な「引き寄せの法則」で金持ちになろうとするならば、競争心を完全に捨てることが出発点です。**

富がかぎられているなどという発想は、一瞬たりとも抱いてはいけません。

「世の中のお金は、銀行家たちにしきられている」などといった考えを抱いた瞬間から、それらを阻止する法案を成立させようと、政治家へ働きかけることばかりに意識を向けることになります。

いったん競争意識にとらわれたら、そこから抜けだせるまで、創造の力は失われてしまいます。**しかも、すでに引き寄せられはじめていた創造のプロセスまでストップしてしまうでしょう。**

山々には、まだまだ莫大な価値のある金が眠っていることを、忘れてはなりません。万が一なかったとしても、必要なら「思考する物質」によって新たに金が造られます。

あなたが必要としているお金は、必ずあなたの元にやってきます。必要ならば明日にでも、数千人の人々が金鉱の発見に動員されることでしょう。

目に見える富にとらわれてはなりません。いくらでも富を生みだす「形のない物質」は無限にあるという事実に、常に目を向けてください。

それらは今まさに、あなたの元に向かってきており、届けばすぐに自由に使えるのです。たとえ誰かが目に見える富を独占したとしても、あなたが裕福になるのを妨げることはできません。

急いで家を建てないと、いい土地が全部買われてしまうとか、巨大企業によって早晩、世界の富が独占されてしまう――そんな考えは一瞬たりとも頭に浮かべないことです。他者にだし抜かれて自分の欲しいものが手に入らなくなると恐れ、心配するのもやめましょう。そんなことはあり得ません。

**あなたは、他人のものを欲しがるのではなく、「形のない物質」に働きかけて、あなた自身が創りだすのです。**

富は無限にあります。例の真理をしっかりと心に刻んでください。

1

**万物は、ただ1つの「思考する物質」つまり、「形のない物質」が元となって創られている。この「物質」は原始の状態で、宇宙空間の隅々に満ちている。**

2

**この「物質」の内部に抱かれた思考は、そのとおりの形を現実に生みだす。**

## 3

人は、イメージをこの「物質」に投影することで、創りたいと思っているものを現実に出現させられる。

### 第5の秘密・ポイント

神は、あなたが、もっと豊かになることを望んでいます。そして、あなたが豊かになるために、必要とするものは、すでに用意してくれています。

ただし、あなたが抱く願望は、繁栄の法則に合致したものでなければ、神は協力してくれません。神が望んでいるのは、生きとし生けるものすべての繁栄です。

そのため、「引き寄せの法則」で金持ちになろうとするならば、他者から奪おうとする意識をなくす必要があります。

富は無限にありますから、あなた自身が創りだそうとすることが大切です。

## 第6の秘密

THE RIGHT TO BE RICH

# 「無限のお金」が生みだされる仕組み

――自分をクリエイティブな状態に
引きあげる法

第5の秘密で、「駆け引きは必要ない」といいましたが、これは交渉や取引そのものをする必要がないという意味ではなく、「不当な取引をする必要はない」という意味です。

**また、タダで何かを得られるという意味でもありません。**

あなたは、すべての人に、あなたが受け取ったもの以上のものを与えていくことができるという意味です。

常に、相手からもらった代金以上の「金銭的価値」を与えるのは無理かもしれませんが、**もらった代金以上の「実用的価値（利用価値）」を与えることは、できます。**

## 「していいビジネス」「いけないビジネス」

たとえば、この本を作っている紙やインクなどの原材料費（金銭的価値）は、あなたが払った代金よりは安いでしょう。

けれども、ここに書かれている知識であなたが何千万ドルもの大金を手にできるなら、損にはならないでしょう。むしろ、ほんのわずかな代金で、あなたは、はるかに大きな価値のあるものを手に入れたことになります。

また私が、何千ドルもの価値がある有名画家の絵を持っていたとしましょう。それを北極に持っていってイヌイットに売り込み、５００ドル相当の毛皮と交換したとします。

この場合、私は彼に損をさせたことになります。なぜなら、彼にとってその絵は無用の長物で、人生に何の繁栄ももたらさないからです。

では、50ドル相当の猟銃と、その500ドル相当の毛皮を交換した場合はどうでしょうか?

彼はその猟銃を使い、以前よりもっと多くの毛皮と食料を手に入れられるようになります。彼の生活は、確実に豊かになるでしょう。

競争をやめて、創造的なレベルに自分を引きあげなさい。そうすれば、商取引の価値を厳密に判断できるようになります。

**あなたの売るものが、その価格以上の価値を相手にもたらさないと気づいたら、その取引はやめるべきです。**ライバルを蹴落とす必要もありません。競争が避けられないなら、手を引けばいいのです。

すべての人に、代価以上の実用的価値を与えるように努めなさい。

そうすれば、取引をするたびに世界中の人々を豊かにしていることになります。もしあなたが社員を抱えているなら、社員には、あなたが支払っている給料以上の利益を生みだしてもらわなければなりません。

そのためには、社員の向上心を刺激しつづける要素を取り入れれば、事業をこの本と同じように価値あるものにできるでしょう。つまり、昇進システムを取り入れて、やる気のある社員が全員金持ちになれるようにすればいいのです。

チャンスを与えても生かさない人がいるかもしれませんが、それはあなたの責任ではありません。

## 素敵な車を手に入れるには、こうする

あなたは、空間に満ちた「形のない物質」に働きかけて富を創造することができますが、それは、イメージしたものがいきなり空中にパッと現れるという意味ではありません。

「素敵な車が欲しい」と、「形のない物質」に素敵な車のイメージを投影しつづけても、いい車が目の前に忽然《こつぜん》と現れるわけではありません。

素敵な車が欲しければ、こうするのです。

**まず、それが自分のために創られて、自分のところにやってくると固く信じて、車のイメージを鮮明に抱きつづけてください。**

ひとたびイメージしたら、絶対に手に入ると無条件に信じてください。

そして、それが間もなく届くことだけを考えたり、話したりしてください。すでに自分のものであると言いきるのです。

すると、「思考する物質」、つまり神の力が人々の意識に作用して、あなたの元に車がもたらされます。

メイン州に住んでいるのに、テキサス州や日本から人がやってきて、何らかのやり取りの末に車が手に入るといったことが起こるのです。

そうなれば、あなただけでなく、テキサス州や日本からやってきた人にも同じように利益がもたらされます。

「思考する物質」は万物に宿っていて、すべてのものと通じ合っていて、すべてに働きかける能力を持っているという事実を、片時も忘れないでください。

「思考する物質」は、もっと充実した生活を送ることを望んでいます。今存在するすべての車も、そのような思いによって創造されたものです。

「思考する物質」は、その気になれば、さらに数百万台の車をも作ることができます。人が信念と欲求に基づく「引き寄せの法則」で働きかければ、それは実際に作られるのです。

**あなたは望むものを、必ず手に入れられます。**あなた自身やほかの人々の生活の向上に役立つものは、必ずあなたの元にやってきます。

## 遠慮は無用――なぜ、好きなだけ欲していいのか？

**大きく願っていいのです。**遠慮はいりません。

イエスも「あなたがたの父である神は、喜んで神の国をくださる」と言っています。

**神は、あなたがすべての可能性を発揮して、欲しいものをすべて手に入れ、利用して、最大限に豊かな生活を送ることを願っています。**

金持ちになりたいという欲求は、自らを完璧に表現しようとする神の望みそのものなのです。その事実を心に刻みこめたとき、あなたの信念は確固たるものになるでしょう。

あるとき私は、幼い男の子を見かけました。彼はピアノの鍵盤をバンバンたたき、激しいかんしゃくを起こしていました。

私が、何をそんなに怒っているのか？　と尋ねると、その子は言いました。
「頭の中でキレイな音楽が鳴ってるのに、それが弾けないんだ！」
このとき彼の頭の中に流れていた音楽こそは、この世に美しい音楽を表現しようという「物質」の渇望であり、全生命のあらゆる可能性の象徴です。それが、男の子を通じて表出したがっていたのです。

**「思考する物質」である神は、人の体を通じて生き、活動し、楽しもうとしています。**神は、「この手ですばらしい建物を造り、美しいハーモニーを奏で、壮麗な絵を描きたい。この足で使命を果たし、この目で自らの美をとらえ、この口で偉大な真実を語り、すばらしい歌を歌いたい」と望んでいるのです。

**あらゆる可能性は、人を通じて開花することを夢見ています。**

神は、音楽を奏でられる人には、ピアノや何らかの楽器を与え、その才能を最大限に伸ばしてやりたいと願っています。

美が理解できる者には美しい環境を与えたい、真理を見抜ける人間には旅行や見聞の機会をかぎりなく与えたい、衣服の価値がわかる者は美しく着飾らせ、味覚の優れた人間には最高の食べものを味わわせたい——それが神の意志なのです。

神がそう望むのは、これを神自身が楽しみ、味わっているからです。

遊び、歌い、美を愛《め》で、真理をうったえ、ファッションや美食を楽しむことは、神自身の欲求にほかなりません。

使徒パウロが「あなたがたの内に働いて、御心のままに望ませ、行なわせておられるのは神であるからです」と言っているとおりです。

豊かになりたいというあなたの願いは、自らを表現したいというあなたの中の神の願いです。

それは、男の子を通じて音楽を表現したいという神の願いとまったく同じものです。ですから、遠慮なく多くを望んでいいのです。

## こんな〝誤った考え〟に縛られている人は大損をする

あなたの役目は、願望（神の望み）を実現することです。

ところが、多くの人はこれをためらいます。

貧しさや自己犠牲を神が喜ぶという古い考えに縛られていて、貧しい生き方を神の思し召した自然の摂理などと考えているからです。

「神はすでに万物を創り終えてしまい、この世にあるものには、かぎりがあるため、多くの人は貧しくありつづけなければならない」などと信じているからです。

このような**誤った考え**のために、富を求めるのを恥とし、そこそこ満足できる最低限のもので我慢しようとするのです。

## ある青年が間違った望み方をした結果……

私は、今でもある学生のことを思いだします。

彼はたいへん貧しく、貸家に住んで日雇いの仕事をしていました。

私は彼に、次のように教えました。

「欲しいものを、明確にイメージしなさい。そうすれば、神に、あなたの〝創造したいという思い〟を伝えられます」

彼は、すべての富が自分のものだと言われても、すぐにはピンときませんでした。そして考えた末に、お気に入りの部屋に敷く新しい敷物、それとストーブを願うぐらいなら、無理もなく適当だろうと思い至りました。

そしてこの本に書かれているとおりにしたところ、たった数カ月でこれらを手に入れたのです！　そこではじめて彼は、もっと多くを願うべきだったことに気づいたのでした。

彼は今度は家中を見て回り、ここには出窓、ここに別の部屋、大きなプールという具合に、思いつくかぎり最高のプランを立てました。さらに美しい家具調度品についてもプランを立てました。

彼は完全なイメージを描き、「引き寄せの法則」を実践しました。

今、彼は、その貸家を買い取って、イメージどおりに改装しているところです。確信が強まった現在は、さらに大きな望みを抱いています。

彼には信じたとおりのものがもたらされました。

同じことは誰にでも起こります。

**もちろん、あなたにもです。**

## 第6の秘密・ポイント

あなたは、すべての人に、あなたが受け取った代価以上の実用的価値を与えていくことができます。そしてこれを繰り返せば、世界中の人々を豊かにしていくことができます。

また、神は、このように行動する人が、欲しいものをすべて手に入れ最高の生活を送ることを願っています。神がそう望むのは、これを神自身が楽しみ、味わっているからです。

あなたの役目は、神の望みを実現することですから、富を求めることを恥と思う必要はなく、多くを望んでいいのです。

## 第7の秘密

THE RIGHT TO BE RICH

# 無限の力《パワー》と一体化できる「感謝の法則」

——「ただ1つの物質」に、イメージを投影する実践法

ここまでの説明で、金持ちになる最初のステップは、自分の望むものを、「形のない物質」に伝えることだとおわかりになったでしょう。

この章では、**望むものを「形のない物質」に伝える具体的な方法**をお教えします。

**まずあなたは、「形のない物質」と調和しなければなりません。**

ここは、すべての基盤となる大切な部分です。ですから、あなたが「形のない物質」と完全に一体化する方法を、細部まで詳しくお教えしましょう。

## 〝清いのに貧しい人〟に欠けている「超重要なプロセス」

「形のない物質」と一体化するプロセスは、「感謝」という言葉に集約できます。

このプロセスを具体的に説明すると、以下のようになります。

まず、この世にはたった1つの「形のない、思考する物質」があり、すべてがそこからはじまったと信じます。

次にその「思考する物質」が、あなたの望むすべてを与えてくれると信じます。

最後に、心から深い感謝の念を抱きます。

これであなたは、唯一の物質と調和できます。

**つまり、すべてにおいて正しい生き方をしているのに、未だに貧しいままだという人は、感謝の気持ちが欠けているのです。**すでにたくさんのものを神から賜っているのに、それに感謝していないがために、神と通じられないのです。
富の源泉に近づけばそれだけ多くの富を得られるように、感謝の念を抱いている人は、当然、そうでない人よりずっと神に近いところにいることができます。
何か〝いいこと〟があったとき、神に深く感謝すればするほど、もっとたくさんの〝いいこと〟が、もっともっと早く与えられるようになります。感謝することで、あなたの意識が豊かさの源泉である神に引き寄せられるからです。

今あなたが持っているものはすべて、「確実な方法」にしたがった結果もたらされました。

**感謝は、あなたの意識を「形のない物質」と調和させ、あなたが競争思考に陥るのを防いでくれます。**

感謝の気持ちを持つことこそ、あなたの意識を無限の豊かさに向け、富には、かぎりがあるという誤った考えに陥らないようにする唯一の方法です。

疑念が生じれば、すべてが無に帰する恐れがあります。

## 引き寄せの力を、長く強く発揮するコツ

**この世界には「感謝の法則」というものが存在します。**望む結果を手にするには、これを守らなければなりません。

**感謝の法則とは「作用に対して同じ大きさの反作用が起こる」という自然の法則です。**感謝を伝えると力が放出され、その力は必ず「神」に作用します。すると即座にその反作用として、あなたに向かって動きが生じるのです。

「神に近づきなさい。そうすれば、神はあなたに近づいてくださいます」という聖書の言葉は、この心理について述べた真理にほかなりません。

**感謝の気持ちを「強く長く」持てば、「形のない物質」も同じだけ「強く長く」反作用が生じて、あなたが欲しいものを何でも引き寄せてきます。**

イエスの感謝に満ちた態度をごらんなさい。いついかなるときも、「父よ、私の願いを聞き入れてくださって感謝します」という言葉を繰り返しているでしょう。「力」とあなたを結びつけるのは、感謝の念です。ですから感謝の気持ちがなければ、大きな「力」を発揮することはできません。

そして、感謝すると、単に将来もっと多くのものに恵まれるという以上の効果もあります。感謝の気持ちがないと、今現在与えられているものに満足できなくなってくるのです。

**不満を持った瞬間から、すべてはうまくいかなくなります。**

凡庸で、貧相で、醜悪で、みすぼらしいといったネガティブなものにばかり注意が向けば、あなたの心にも、それと同じイメージが形成されてしまいます。

そうなるとあなたは、そのイメージを「形のない物質」、つまり「思考する物質」に伝えることになり、凡庸で貧相で醜悪でみすぼらしいものが、あなたにもたらされます。

よくないことばかり考えるのは、自らをよくない状態にし、よくないものばかりを引き寄せることになります。

逆に最高のものだけに目を向ければ、あなたは最高のものに囲まれ、最高の状態になっていくのです。

**私たちに内在する「創造力」は、私たちが常に注意を向けているイメージに私たちを導きます。**

私たち自身が「思考する物質」であり、「思考する物質」は、常に自ら考えたものに形を変えるのです。

感謝するとき、意識は常に最高のものに向けられています。ですからあなたは最高の状態になっていきます。最高の形、最高の性質を自ら形成し、最高のものを引き寄せるのです。

## なぜ、あの人は自信があるのか？
## 成功を確信できるのか？

感謝は、信じる気持ちも生みだします。

感謝している人は、常に自分にいいものがもたらされるという期待を抱いています。そして期待は、信念へと変わっていきます。

感謝という作用の反作用として、心に信念が生じるわけです。

**感謝の気持ちを抱くほどに、信念は高まっていきます。**感謝の気持ちを持たない人は、確信を持ちつづけることはできません。そして確信を持ちつづけなければ、創造によって豊かになることはできないのです。

## ムッとくる腹立たしいことには、こんな態度を取るのが正解

自分に起こった〝いいこと〟すべてに、感謝の気持ちを抱くようにしましょう。

常に感謝の念を絶やさないことです。あらゆるものが、今のあなたの成長に役立ってきたのですから、すべてに感謝を捧げてください。

大富豪や大企業の汚点、不正行為のことをあれこれ考え、愚痴をこぼすのは時間の無駄です。彼らが組織を作ってくれたからこそ、あなたは様々なチャンスを手にできるのです。今あなたが手にしているものは、彼らによってもたらされているのです。

悪徳政治家にいちいち腹を立てるのもやめましょう。政治家がいなければ社会は混乱し、あなたのチャンスも大きく減ります。

神は忍耐強く長い時間をかけて、産業や政府を創りあげました。その作業は、今もつづいています。

大企業や政治家が不要になれば、神はすぐに彼らを排除するでしょう。でも現時点では、彼らが必要なのです。実際彼らは、あなたに富がもたらされるルートを整えてくれています。**むしろ感謝しなければなりません。**

すべての人に感謝すれば、すべての〝いいこと〟との間に調和がもたらされ、それらがあなたに引き寄せられます。

**第7の秘密・ポイント**

この世界には「感謝の法則」というものが存在します。望む結果を手にするには、これを守らなければなりません。感謝の気持ちを強く長く持てば、あなたが欲しいものは何でも引き寄せられます。腹が立つことがあったとしても、すべてに感謝を捧げてください。感謝の気持ちを持てば創造によって豊かになることができ、感謝の気持ちが欠けていればあなたはいつまでも貧しいままになります。

## 第8の秘密

THE RIGHT TO BE RICH

# お金を引き寄せる「イメージ・決意・信念の法則」

——願いを上手に確実に伝えるには?

85ページの「家のイメージを心に描いた学生」のエピソードを読み返してみてください。この話には、望むものを手に入れ、金持ちになるための最初のステップが示されています。

彼が、〝ここには出窓、ここに別の部屋、大きなプール……〟と、間取りや家具調度品についてこと細かにプランを立てたように、望んでいるもののイメージは、**明確に**思い描かなければなりません。はっきり具体的に描けなければ、それを「物質」に伝えることはできません。

自分でもはっきり理解していない考えを、人に伝えることはできないのと同じです。

## 上手な「伝え方」のポイント
## ——富が生まれるスイッチが入る！

ほとんどの人は、欲しいものややりたいこと、なりたいものについて、曖昧でぼんやりしたイメージしか持っていません。**そのために欲しいものを「思考する物質」にきちんと伝えられていないのです。**

ただ何となく「自由に使えるお金が欲しい」と望んでも、それは叶いません。

そんな漠然としたことは、誰もが願っています。

「旅をしたい」「見聞を広げたい」「人生を謳歌したい」という願い方でも、まだ不十分です。それもまた、誰もが願うことです。

あなたは友人へ手紙を送るときに、ただアルファベット順に文字を並べて書きだしたものを送りつけて、相手に文章を組み立てる作業をさせたりはしないでしょう？　あるいは、辞書からランダムに拾った単語を適当に並べて送りつけたりもしないでしょう。ちゃんと、自分で筋のとおった文章を組み立てて送るはずです。

あなたの望みを「物質」に伝えるときも同じです。理路整然とした明確なメッセージを伝えなければなりません。いくら望みを送っても、それが漠然としたものだったら、創造のパワーは働かず、金持ちになることもできません。

**あなたはまず、自分が何を望んでいるのかを知り、はっきり明確にしなければならないのです。**

理想の家をイメージした学生と同じように、欲しいものをはっきり具体的に考えてください。

**それから、願いが叶ったときの状態をしっかりイメージしつづけてください。**

船乗りが、目指す港を常に意識しているように、操舵手が羅針盤から目を離さないように、いつも願いに意識を向けてください。

## そんな奇妙なトレーニングは、やめなさい

**意識を集中させるためのトレーニングなど、する必要はありません。**
**お祈りの時間を設けたりメンタルトレーニングをしたり、瞑想をして、オカルトめいた儀式をする必要もありません。**

そういうことが無駄だというわけではありませんが、**創造に必要なのは、ただ望んでいることを明確にし、そのイメージを心に刻みつけるよう、思いつづけることだけ**です。

時間があれば、できるだけそのイメージを思い浮かべてください。わざわざ意識を集中させる訓練をする必要はありません。

静寂に満ちた「祈りの時間」なんて持たなくても実現できます。

**努力しないと集中できないようなら、それは本当に望んでいるものではないの**

**です。**

心から金持ちになりたいと願っていれば、コンパスの針が常に北を指すのと同様に、常に意識を望みに向けていられるものです。逆に、それができなければ、本書に書かれていることをやる意味はありません。本書で明かされている方法は、強い願望を持ちつづけていける人のためのものです。

また、何度も繰り返し言葉にする必要はありません。毎日のように「ください」「欲しい」と神にうったえるようなことをしなくても、それは実現します。

イエスも、弟子たちにこう説いているではないですか。

「願うときは、異邦人のようにくどくどと述べてはならない」

「あなたがたの父なる神は、願う前から、あなたがたに必要なものをご存じなのだ」

口に出して願えば、イメージを明確にして信念を強化する効果はありますが、言葉にして唱えれば望みが叶うというわけではないのです。

## このくらい強く覚悟を決めることが必要

イメージが明確で具体的になるほど、願望も強くなります。願望が強くなれば、イメージを維持するのもそれだけ容易になっていきます。

ただし、明確にイメージしさえすれば、それだけで願望が実現するわけではありません。それではたんに夢想しているにすぎず、願いを叶えるパワーは引きだせないでしょう。

「イメージを実現する」という、強い決意が必要です。

さらにその決意は、すでに自分のものであるという揺るぎない「信念」に支えられたものでなければなりません。

望むものは、もう、すぐそこにあり、あとは手に入れるだけだと確信できなければいけません。

新しい家が実体化するまで、その家に住んでいるところを想像しましょう。イメージの世界で、欲しいものに囲まれている喜びを存分に味わってください。

**「祈り求めるものはすべて、すでに得られたと信じなさい。そうすれば、そのとおりになる」**とイエスも言っています。

実際にそれらに囲まれて暮らしているところ、そしてそれを自由に使っているところをイメージしましょう。

イメージがくっきり具体的になるまで集中し、「すべて自分のもの」という気持ちに浸りましょう。

心の中で持ち主になり、自分のものだと確信できたら、今度はその感覚を維持してください。

一瞬たりとも疑念を抱いてはいけません。

**第7の秘密でお話しした、感謝の気持ちも忘れてはいけません。**願いが現実になったときとまったく同じように、感謝の念を持ちつづけましょう。

心の中で手に入れたものに対して、神に心から感謝を捧げられる人の信念は本物です。望むものを何でも創造できるでしょう。そして必ず豊かになれます。

## 「夢が実現する人」「しない人」、その決定的分かれ目

あなたがするべきことは、豊かになるために必要なものを明確にし、それを具体的な映像にまとめあげることです。そしてその「全体像」を、「形のない物質」に投影すればいいのです。

祈りの言葉を何度も繰り返し口にだして唱えてみても、望みは投影されません。

ポイントは、必ず実現するという揺るぎない「決意」をして、絶対に実現できるという固い「信念」を持ってイメージしつづけることです。

**願いが叶うかどうかは、願いを口にだして唱えているときの信念ではなく、イメージを抱いているときの信念で決まります。**

毎週毎週、安息日に望みを唱えたとしても、平日は微塵も考えないようであれば、神にイメージは伝えられません。わざわざ小部屋にこもって、祈りを捧げる時間を持ったとしても、次の祈りの時間がくるまですっかり「願望」の内容を忘れているようであれば、祈りは届きません。

必要なのは、「願いつづける」ことです。

ただし、ここでいう「願う」とは、必ず実体化させるという「決意」と、それができるという「信念」を持ってしっかりイメージしつづけるという意味です。

「祈り求めるものはすべて、すでに得られたと信じなさい」というイエスの言葉を思いだしましょう。

イメージが明確になれば、あとはそれを受け取るだけです。

イメージができあがったあとなら、言葉にして神に祈りを捧げるのもよいでしょう。ただ、それと同時に、心の中でそれらを受け取ったのだと思ってください。

新しい家に住み、おしゃれな服を着て、いい車を運転しましょう。旅行にでかけ、さらにゴージャスな旅の計画を立てましょう――。

願ったものすべてをすでに手に入れた気になって、考えたり話したりしてください。望みどおりの生活環境や経済状態になったと想像して、常にそのイメージの中で生活してください。

たんなる夢想や理想で終わらせないよう、実現しようと「決意」し、実現するという「信念」を持ちつづけましょう。

「決意」と「信念」を持ってイメージできるかどうかが、成功者と夢想家を分ける境目となります。

## 第8の秘密・ポイント

あなたはまず、自分が何を望んでいるのかを知り、明確にしなければなりません。欲しいものをはっきり具体的に考えてください。

それから、願いが叶ったときの状態をしっかりイメージしつづけてください。「イメージを実現する」という、強い決意が必要です。必ず実現するという揺るぎない決意をして、絶対に実現できるという固い信念を持ってイメージしつづけると、願いは叶います。

第9の秘密

THE RIGHT TO BE RICH

# お金を引き寄せる「強い意志の法則」

――意志の力を、自分に集中させるのが鍵

**確実な方法で金持ちになろうとするなら、自分以外のものに何かを強制してはいけません。**そもそもあなたに、そのような権利はないのです。

欲しいものを得るために、プレッシャーをかけて他者を思いどおりに動かそうとするのは間違っています。力ずくで強要するのと同様、精神的に圧力をかけて強要するのは明らかに不当な行為です。

力ずくで人を働かせることが、人を奴隷扱いする行為だとすれば、精神的に追

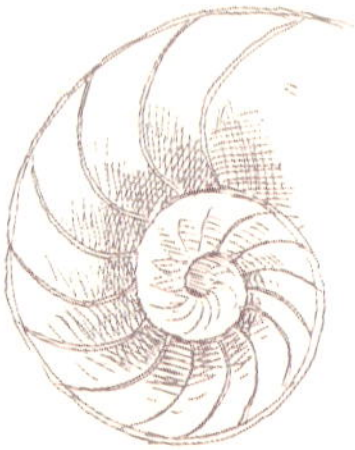

いつめて働かせるのも、不当行為です。手段が違うにすぎません。

力ずくでものを奪うのが強奪行為であれば、精神的に圧力をかけて奪うのも強奪行為で、本質的な違いはありません。

## 他者や神に、こんな強要をしてはいけない

あなたに、自分の意志を他人に押しつける権利はありません。

**たとえ「その人のためを思って」であってもです。**

**なぜなら、それが本当にその人のためになるかどうかは、わからないからです。**

確実に金持ちになる「引き寄せの法則」を実践するのに、他人に圧力をかける必要はいっさいありません。

他人に無理強いすれば、それはむしろあなたの目的達成の足枷《あしかせ》となるでしょう。

そんなことをしなくても、望んでいるものは得られます。

**「すばらしいものをください」と神に強要するのは、意志の力で太陽を昇らせようとするようなものです。**願いを聞き届けてくれない神や、思いどおりにならない反抗的な人をねじ伏せ、したがわせようとするのは間違っています。

神は、あなたの味方です。

あなたが望んでいる以上に、あなたに与えたいと願っているのです。

**豊かになるには、他人ではなく、自分自身に意志を向けなければなりません。**

## 正しい意志の使い方

何を考え、何をすべきかがわかったら、次に大事になってくるのが、意志の使い方です。

望むものを手に入れるには、正しく考え、正しく行動するために意志の力を使わなければなりません。

本道からはずれないよう、気をつけるために意志を使う――それこそが正しい

**意志の使い方です。**「引き寄せの法則」を実践するために意志を使うのです。

意志の力を外側に向けて、ものや人を「動かそう」としてはいけません。

意志は、常に自分の内側に向けておきましょう。そのほうがずっと大きな力を発揮できます。

望むものをイメージしたら、「決意」と「信念」を持ってそのイメージを保ってください。

そして意志の力を使って、心が「正しい道」からはずれないようにしましょう。

**決意と信念を強く持続させることが、金持ちになる一番の近道です。**なぜなら、「形のない物質」に、〝前向き〟な思念だけを投影できるからです。〝後ろ向き〟な思念が「形のない物質」に伝わってしまい、願いが打ち消されることがなくなるからです。

「決意」と「信念」に支えられた願望のイメージは、「形のない物質」に受け止められ、宇宙のはるか彼方《かなた》まで広がります。そしてそのイメージが広がるとともに、すべてが現実化に向かって動きだします。

すべての生物や無生物、そしてまだ創られていない物質までもが刺激されて、あなたの望みを現実にしようとします。

すべての力、すべてのものがあなたに向かって動きはじめます。あらゆる人の意識も、あなたの望みを実現するために協力してくれます。無意識に、あなたのために動いてくれるのです。

ところが、「形のない物質」、つまり「思考する物質」に後ろ向きのイメージが投影されたとたん、このプロセスは止まってしまいます。疑念や不信を抱けば、流れは確実に逆流しはじめます。決意や信念が、あなたに向かう流れを創りだすのと、真逆の流れが起こるのです。

**「精神の理論」を実践して豊かになろうとする人の多くが結果を出せないのは、**

ここを理解していないからです。

**疑念や不安に意識が向いているとき、心配や不信にとらわれているときは、あらゆる領域において、「思考する物質」の逆流が起こっています。**

「すべての約束が、信じる者に与えられ、それ以外には与えられない」とイエスが強調していたのも、まさにこのことを言っていたのです。

「信念」がすべての鍵を握っている以上、あなたはそれをしっかり守らなければなりません。

ところが、あなたの「信念」は、あなたが見たもの、考えたことに、大きく影響されます。そのため、**何を見て何を考えるかを、意識的にコントロールすることが重要**になってくるのです。

そのときに必要なのが、意志の力です。何に注意を向けるかを決めるのは、あなたの意志だからです。

## なぜ、医学が進歩しているのに、患者が増えつづけるのか?

金持ちになりたければ、貧しさに目を向けてはいけません。

逆のイメージを描いてしまったら、望むことは現実化しないのです。

病気について調べ、病気のことばかり考えていては、健康にはなれません。罪に目を向けて罪のことばかり考えていれば、正義を広められません。貧困について調べていた人で、裕福になった人はどこにもいません。


病の研究から生まれた薬は、むしろ新たな病を増やしてきました。

罪を見据《す》える宗教は、むしろ罪を広めてきました。

貧困に焦点を当てた経済学は、世界を貧しい人であふれさせることでしょう。


**貧しさについて、安易に口にしてはいけません。意識を向け、心を悩ませても**

いけません。原因を考える必要もありません。あなたには関係ないことです。あなたが目を向けなければならないのは、そこから抜けだす方法です。

慈善事業や活動に、いたずらに時間を費やすのも間違っています。この種の活動は、むしろ貧困から抜けだせなくなる人々を増やす傾向があります。

血も涙もない人間になって、貧しい人の声に無関心でいろといっているのではありません。

ただ、これまで社会が試みてきたような形で貧困をなくそうとするのは間違いなのです。貧しさや、それに関連したあらゆることと自分を切り離し、「価値あるものを創造すること」に集中してください。

## では、どうすれば大切なあの人を貧しさから救えるか？

〝あなた自身が豊かになること〟こそ、貧しい人々を助ける最短の近道です。

そのためには、豊かさのイメージを維持しなければなりません。心に貧困のイメージがあふれていたら、それは不可能です。

スラムの貧しい人々や児童労働の惨状などを伝えた新聞記事や書籍は、意識的に避けましょう。貧しさや苦しさの暗いイメージを心に広げてしまうものは、いっさい読まないようにしてください。そういう知識を身につけても、彼らを救うことはできません。こうした現状が広く伝えられているにもかかわらず、貧困の撲滅にはまるで役に立っていません。

**貧困を撲滅するには、貧しい人の心に、豊かさのイメージを植えつけていくことが大切です。**悲惨なイメージを心から追いだしたとしても、悲惨な状況にある人々を見捨てたことにはなりません。

貧困をなくすことは可能です。しかし、それは貧困に思いをはせる慈善家を増やすことによってではなく、豊かになるという決意と信念を持った人々の数を増やすことで達成されるのです。

**貧しい人々に必要なのは施《ほどこ》しではなく、心に希望を与えることです。**慈善活動でパンを施して彼らの生活を支え、ほんの1～2時間、現実を忘れさせる楽しみを提供することは可能です。しかし、彼らを根本的に貧しさから救うことはできません。

一方、必ず豊かになれるという希望を与えれば、彼らは自力で貧しさから抜けだそうとするでしょう。

**貧しい人を助けたいなら、あなた自身が裕福になって、貧困から抜けだせると証明してみせることです。**

世界から貧困をなくす唯一の方法は、本書の考え方を実践する人々を着実に増やしていくことにほかなりません。

## 「競争」をやめて「創造」をすると、果てしなく豊かになれる

「競争」ではなく、「創造」で豊かになれるという事実を、すべての人に伝える必要があります。

競争に勝つことで富を得てきた人は、自分が上ってきたはしごをはずして、ほかの人を寄せつけないようにしています。

**しかし、創造のプロセスで富を得た人は、大勢の人に豊かさへの道を示し、希望を与えています。**

貧しい人を憐れむのをやめても、それは冷酷な態度でも無関心な態度でもありません。意志の力で貧困に関することを頭からシャットアウトし、同じ意志の力で、決意と信念の下に豊かなイメージを持つことに集中しましょう。

## 第9の秘密・ポイント

本道からはずれないよう、気をつけるために意志を使うことが大切です。

意志の力は自分の内側に向けるものです。

意志の力を外側に向けて、ものや人を動かそうとしてはいけません。

また、あなたの信念は、あなたが見たもの、考えたことにも大きく影響されます。

そのため、何を見て何を考えるかを、意識的にコントロールする意志を持つことも重要です。

あなたが目を向けなければならないのは価値あるものを創造することで、これに集中しなければなりません。

第10の秘密
THE RIGHT TO BE RICH

# お金を引き寄せる「創造の法則」

――創造力をめいっぱい発揮するために気をつけたいこと

豊かさと反対のイメージに意識を向けていては、豊かさの明確なイメージを持ちつづけることはできません。外から入ってきたイメージと、あなた自身が考えたイメージのどちらであってもです。

## 口にしてはいけない言葉、封印するべき話

**過去に何らかの金銭的問題があったとしても、そのことを考えたり口にしたりしてはいけません。**両親が経済的に苦労していたとか、自分が昔は貧乏だったと

かいったことを話すのも禁物です。そういうことをすると、あなたの意識は一時的に自分を貧乏人だと見なしてしまうことになり、富が引き寄せられてくるのを妨げます。貧困やそれにまつわることは、すべて忘れましょう。

「宇宙一元論」を正しいものとして受け入れ、自分の将来の幸福を託そうとしているあなたにとって、矛盾した理論に目を向けるのは意味のないことです。間もなく世界に終わりがやってくるなどという終末論を説く宗教書や、社会派ジャーナリストの記事、悲観的な哲学者の著書を読んではいけません。

世界は破滅などしません。**実際はその逆に、繁栄という神の意志に近づいています。すばらしい世界が生成されようとしているのです。**

もちろん、現代社会には好ましくない状況もたくさんあるかもしれません。けれども一時的な現象に杞憂《きゆう》を抱くことに、どれほどの意味があるのでしょう。時間がたてば解決するものに注意を向けるのは、時間の無駄でしかありません。
どこかの国や地域がどんなに悲惨な状況に思えても、それに思いを向けてしまっては、むしろ問題を長引かせるだけです。自らのチャンスをつぶすことになりかねません。**世界が豊かになりつつある事実にこそ、目を向けるべきなのです。**「克服されつつある貧困」ではなく、今、「世界が目指している豊かさ」に目を向けましょう。

**世界を豊かにするためにあなたにできることは、ただ1つ――競争ではなく、創造によって、あなた自身が豊かになることです。**

ひたすら、豊かなものだけに目を向けてください。

## ネガティブなことを口にするときは、どうすればいいのか?

貧しい人のことを口にしたり考えたりするときは、「これから豊かになる人」というイメージにおき換えてください。彼らは、気の毒な人だと憐れむべき存在ではなく、祝福されるべき人々です。そういう目で見れば、貧しい人も、そしてそのほかの人も希望を抱き、貧しさから抜けだす道を探りはじめます。

すべての時間を、豊かさについて考え、意識することだけに費やしたとしても、それはいやしい行為でも、冷たい態度でもありません。

## 大丈夫。豊かになる過程で「よいこと」すべてが実現していく

**本当の金持ちになるというのは、人生において、何よりも尊い崇高な目標です。**

なぜなら、そこには**すべて**が含まれているからです。

どういうことか説明しましょう。

他者を蹴落としてでも富を得ようと血眼《ちまなこ》になって競争するのは、神をないがしろにする行為です。

しかし、**「創造」**によって他者を幸せにしながら金持ちになる場合、事態は一変します。**つまり、金持ちになる過程で、「知性」「精神」「肉体」のすべてにおいて、**

**偉業、精神の向上、奉仕、崇高な行為など、あらゆることが達成されるのです。**

すべては、あなたが得たお金を使うことで、可能となるのです。

たとえば、あなたが健康に問題を抱えていたとします。健康を取り戻そうとすれば、経済力は決定的に重要な要素になります。金銭的な悩みから解放された資力のある人は、健康でありつづけることができます。

同様に、生存競争から抜けだした人は、道徳的、精神的な高みに達することができます。

そして、競争という人間の品位を下げるようなものから解放される唯一の方法が、思考による「創造」で豊かになることなのです。

繰り返します。

**豊かになること、金持ちになることは、この世で最も偉大で崇高な行為です。**

あなたは、〝豊かな人生〟というイメージに集中しつづけられるよう、意識してイメージを薄れさせるあらゆるものを、心から追いださなければなりません。

## あなたが、これからやるべきこと

**万物の背後に隠れている「真理」に目を向けてください。**

一見、問題に見える悪い状況も、すべては表層にすぎません。その裏には、自らをより豊かに表現し、完全な幸福を実現したいと願う「思考する物質」、つまり神が存在しています。貧困など存在しないのです。この世界にあるのは豊かさだけです。

〝自分たちにも富が用意されているという事実に目を向けていないがために、貧困から抜けだせない人々〟がいます。そうした人々には、**あなた自身が身をもって金持ちになる道を示してやること**です。

〝今の状況から抜けだす方法がわかっているのに、真剣に取りくむ気力が湧かない人々〟もいます。こうした人々にあなたができる最善のことは、**正しい方法で**

**金持ちになったあなたの幸せな姿を見せて、その願望をかき立ててやること**です。

また、〝金持ちになる理論を学んではみたけれど、哲学やオカルトの迷路にはまりこんでしまい金持ちになれない人々〟もいます。彼らは、様々な方法を試してみますが、結局どれ1つ成功しません。そんな人々にも、**あなた自らが金持ちになって、正しい道を示していくこと**が最善の助けとなります。まさに「論より証拠」という言葉のとおりです。

**あなたが、世のため人のために貢献できるベストな方法は、持てる可能性を最大限に発揮することです。**

――これこそが、神と人類に奉仕できる最も優れた方法です。人と競争することなく、創造することで金持ちになる

## ほかの理論から、距離をおきなさい

私は、本書で金持ちになるための理論を詳細に解説したつもりです。この内容が真実である以上、このテーマにおいては、ほかの本を読む必要はいっさいあり

ません。こんなことをいうと、心が狭く身勝手だと思われるかもしれませんが、ちょっと考えてみてください。

算数では、足す、引く、掛ける、割るという四則演算以外に、基本的な計算法は存在しません。ほかの方法で同じ計算をするのは不可能です。

**2点間を結ぶ最短ルートは、1本しか存在しません。**

金持ちになるための思考方法も、ただ1つです。ゴールまでの最も短くて直接的な思考経路をたどることです。

いまだかつて、ここで述べているよりもシンプルで簡潔な理論体系を確立した人はいません。本書は、無駄な理論はすべてそぎ落としています。本書の方法を実践するときは、ほかの理論はいっさい忘れてください。

金持ちになりたいのであれば、本書を毎日読んでください。常に持ち歩いてください。暗記するほどに、心に刻みつけてください。ほかの理論体系や学説について考えてはいけません。これを守らないと、本書の理論を純粋に信じることが難しくなり、思考が揺らいで乱れます。そうなれば当然、成功も遠のいていきます。
成功して金持ちになったあかつきには、好きなだけほかの理論体系に触れてかまいません。けれども望むものが手に入るまでは、この種の本は、本書だけに絞ってください（「はじめに」で推薦した哲学者のものについては読んでもかまいません）。

## オカルトからも離れなさい

**ニュースは、願望のイメージにふさわしい、心を明るくしてくれるものにだけ目をとおしましょう。**

基盤が確立されるまでは、オカルト分野を研究するのも避けてください。神智《しんち》学《がく》、スピリチュアリズムのたぐいに首をつっこんではいけません。死後の世界は存在し、霊は身近にいるかもしれません。

しかし、たとえそうだとしても、あなたが関わる必要はありません。あなたは自分のやるべきことに集中してください。

死者の霊がいたとしても、彼らには彼らのなすべきことや解決すべき問題があります。それに干渉する権利は、私たちにはありません。霊を助けることはできませんし、おそらく彼らも私たちを助けることはできないでしょう。たとえできたとしても、彼らの時間を私たちのために使わせることが正しいとも思えません。

あなたがやるべきことは、豊かになることに専念することです。オカルトの知識が混じってしまうと意識に乱れが生じ、願望は道半ばに終わるでしょう。

ここまで読んできたところで、基本をもう一度おさらいしておきます。

これをふまえたうえで、**豊かになるための「具体的な行動」**や、**確実に「ステップアップする生き方」**をしなくてはなりません。

次章の第11の秘密では、これについて見ていきます。

1

万物は、ただ1つの「思考する物質」つまり、「形のない物質」が元となって創られている。この「物質」は原始の状態で、宇宙空間の隅々に満ちている。

2

この「物質」の内部に抱かれた思考は、そのとおりの形を現実に生みだす。

3

人は、イメージをこの「物質」に投影することで、創りたいと思っているものを現実に出現させることができる。

4

そのためには、意識を「競争」から「創造」のレベルに引きあげ、望んでいるものの明確なイメージを心に思い描いて、確かな「決意」と揺るぎない「信念」の下にそのイメージを維持しなければならない。そして、深い「感謝」の念を持ちつづけること。決意や信念を揺るがせたり、イメージを曇らせたりするものは、意志の力で遠ざけ、意識からシャットアウトする必要がある。

### 第10の秘密・ポイント

貧困やそれにまつわることは、すべて忘れましょう。

あなたがやるべきことは、ひたすら、豊かになることに専念することです。

豊かになること、金持ちになることは、この世で最も偉大で崇高な行為です。

あなたが、世のため人のために貢献できるベストな方法は、持てる可能性を最大限に発揮することです。人と競争することなく、創造することで金持ちになることこそが、神と人類に奉仕できる最も優れた方法です。

## 第11の秘密

THE RIGHT TO BE RICH

# いよいよ、莫大な富を受け取るために

——何をどうすればいいのか？
実践的な行動のハウツー

思考には、「創造する力《クリエイティビティ》」を発動させる力が宿っています。

豊かになるには、「引き寄せの法則」にのっとって思考することが大切ですが、同様に、**〝行動〟**することも大切です。

**理論や観念がわかっているのにうまくいかない人が多いのは、ここができていないからです。**

行動がともなっていないのです。

人間はまだ、自然のプロセスや人の手を経ずに「形のない物質」から直接何かを創造できるほど進化してはいません。

そもそも、そのようなになれるのかさえわかりませんが、少なくとも現時点では、思考したうえで現実的な「行動」を起こす必要があります。

## 黄金も、ダイヤモンドも、レアアースも！

〝私たちは思考の力により、山脈に埋まっている金を引き寄せることができる〟といっても、それは金が、自《みず》らひょっこり地上に出てきて純度を高め、金貨に変わって、ポケットを目指してコロコロ道を転がってくるというわけではありません。

神の強大な力の働きかけの下に、人間が「行動」することが必要となります。

誰かが金を掘りだし、また別の誰かの商取引を介すというプロセスを経て、あなたの元に金貨がやってくるのです。


**そうやって誰かの手を経て目の前にやってきた金貨を受け取るには、あなたは、**

自分のやるべきことをきちんとして、受け取る態勢を整えておく必要があります。

## 「受け取る準備」の整え方

あなたは、「イメージを描くこと」で、生物・無生物を問わず、万物に働きかけ、望むものを引き寄せる流れを生みだすことができます。しかし、それがやってきたときに〝**受け取る準備**〟ができていないと、手中におさめることはできません。

タダで恵んでもらったり、不当に奪ったりすることのないよう、必ず、あなたが受け取る金銭的な価値以上の対価を、与える準備をしておかなければならないのです。

科学的に思考の力を活用していくには、望むものを明確にイメージし、それを絶対に手に入れると「決意」し、必ず手に入るという揺るぎない「確信」と「感謝」の気持ちを持ちつづけること。

そして、そのうえで、豊かになるための**「具体的な行動」**を起こす必要があるのです。望むものが目の前に現れたときに、それを受け取り、イメージどおりの場所におさめられるようにしておかなくてはなりません。

現実的には、望んだものがあなたのすぐ側までやってきたとき、その時点では、それはまだ他人が所有しているわけですから、**あなたは対価を求められるのが当然です**。相手に対価を与えてはじめて、あなたは願ったものを受け取ることができるのです。

何もしていないのに、懐《ふところ》にお金があふれだしてくるような奇跡は起こりません。

**ここは金持ちになるための理論の最も肝心なポイントです。**

思考と行動を、一致させなければなりません。

意図的であれ、無意識であれ、強く願ってイメージしつづけているのに、金持ちになれない人が大勢います。それは、**受け取るための「対価を与えるという行**

**動を起こしていないから**です。

思考することで、望むものを近くに引き寄せることができます。そしてそれを受け取って自分のものとするには、「行動」しないとならないのです。

## 「受け取る行動」は、いつ、どこで起こせばいいか？

どんなことであれ、行動するときは、「今」に全力を注ぐことが大切です。過去に戻って行動することはできません。それに過去を引きずっていると、欲しいもののイメージを鮮明に描けなくなりますので、過去のことは、忘れてください。かたや、まだきていない未来において行動するのも、当然無理です。将来、何かが起こったとしても、どう動くかは、そのときになってみないとわかりません。未来に起こり得る緊急事態にどう対処するかあれこれ思い悩むのは、時間の浪費です。そのときがくれば、うまく対処できると自分を信じましょう。

未来のことばかり考えて行動していると、思考のエネルギーが分散して、望む結果が出せなくなります。

**いつやるか？　答えは、「今に、全力を注ぐこと」です。**

また、どんな行動を起こすにしても、今、携わっている仕事や、今おかれている環境ではじめることです。現在の仕事や環境に不満があったとしても、理想的な仕事や環境に移ってから、頑張ろうなどと考えてはいけません。

今現在、あなたの周りにある人やものに対して行動を起こし、働きかけるしかありません。

過去にいた場所や、未来にいるであろう場所で行動することはできないのです。

**どこで行動を起こすか？　答えは、「今いる場所で起こす」しかありません。**

**そして、「今すぐ行動を起こすこと」です。**

何かを創造したいという思いを「形のない物質」に投影したなら、ただ待っているだけではいけません。それではいつまでたっても、何も手に入りません。望むものを受け入れる準備をしようと思うなら、今、はじめるべきなのです。今しかありません。今を逃したら、未来永劫チャンスはやってきません。

昨日の仕事の出来を気にする必要はありません。

最後に、「今日やるべき仕事を、しっかりやること」に集中してください。明日の仕事を今日やろうとしてもいけません。明日になればその時間はちゃんとあります。

オカルトや神秘主義に頼って、自分の手の届かない人やものに働きかけようとするのも論外です。時間の無駄ですし、正常な思考力が損なわれます。

環境が変わるまで行動するのを待つのではなく、行動することで環境を変えていくのです。今いる環境に働きかければ、もっといい環境に移ることができます。

「決意」と「信念」の下に、もっとすばらしい環境のイメージを描きつづけてくください。そして、持てる力と意志を総動員して、全力で現在の環境に働きかけてください。

夢想や妄想に浸るばかりで時間をつぶしてはいけません。

**望むイメージに集中しつつ、今すぐに行動することです。**

## 何をすればいいのか？
## ――ビッグで新しいこと？　変わったこと？

**何か新しいことや突飛なこと、大きなことをやろうとする必要はありません。**

少なくとも、当面あなたがやることは、基本的にこれまでとそう変わりないものになるはずです。それでも、完璧な科学である「引き寄せの法則」に基づいて行ないさえすれば、あなたは確実に、金持ちになれるのです。

今の仕事が向いていないと感じていたとしても、自分に合った仕事に就けるまで「具体的な行動」を先延ばしにしたりしないでください。

ここは自分がいるべき場所ではないと、失望して嘆いてもいけません。どんな場所にいても、必ずふさわしい場所は見つけることができます。どんな仕事に関わっていても、理想の仕事に就くことは可能です。

理想の仕事をすると決意することです。そして必ずそれに就けると確信しなさい。感謝して、自分にピッタリの仕事をしているイメージを持ちつづけなさい。そして、今やっている仕事において「具体的な行動」を起こすのです。

現在の仕事を、もっといい仕事に就くためのステップにするのです。今いる環境を、もっといい環境に移るためのステップにするのです。

理想のビジョンを描きながら、「決意」と「信念」を持って今の仕事をしていれば、あなたのイメージと信念は神に働きかけて、その仕事をあなたに引き寄せてくれます。そしてあなたが「具体的な行動」を起こせば、あなた自身も望む仕事に引き寄せられ、その仕事の元に運ばれていきます。必ず、希望の仕事に就くことができます。

最後に、本章の内容を加えてポイントをまとめておきます。

1

万物は、ただ1つの「思考する物質」つまり、「形のない物質」が元となって創られている。この「物質」は原始の状態で、宇宙空間の隅々に満ちている。

2

この「物質」の内部に抱かれた思考は、そのとおりの形を現実に生みだす。

3

人は、イメージをこの「物質」に投影することで、創りたいと思っているものを現実に出現させることができる。

4

そのためには、意識を「競争」から「創造」のレベルに引きあげ、望んでいるものの明確なイメージを心に思い描いて、確かな「決意」と揺るぎない「信念」の下にそのイメージを維持しなければならない。そして、深い「感謝」の念を持ちつづけること。決意や信念を揺るがせたり、イメージを曇らせたりするものは、意志の力で遠ざけ、意識からシャットアウトする必要がある。

5

望むものが目の前に現れたとき、それを受け取るには対価が必要である。対価を用意する行動を、今すぐに起こすこと。その行動とは、新しいことや大きなこと、特別なことではない。「現在」おかれている環境の中でできることや、目の前のやるべき仕事に集中することである。

## 第11の秘密・ポイント

豊かになるには、「引き寄せの法則」にのっとって思考することが大切ですが、行動することも大切です。なぜかというと、富は、直接目の前に現れるのではなく、誰かの手を介して、あなたの元に現れるからです。

そのため、あなたは、受け取る態勢を整えておく必要があります。

受け取る態勢になるには「今日やるべき仕事を、しっかりやること」に集中する必要があります。

現在の仕事や今いる環境を、未来へのステップととらえて毎日一生懸命行動していれば、あなたの望むベストな仕事や環境が引き寄せられます。

## 第12の秘密

THE RIGHT TO BE RICH

# 最高にスピーディーに、金持ちになる秘訣

――行動にエネルギーをこめて、「燃費」を高めるのが鍵

これまで説明してきた方法で思考し、今いるところでできることをすべて、1つももらさず実行してください。

**今いる場所におさまりきらないほど大きくなって、はじめて、あなたはステップアップすることができます。**その場所でやるべきことをやり残している人は、当然、その場所より大きくなれません。

この世は、与えられた役目以上のことを果たす人たちのおかげで発展しているのです。与えられた役目もこなせない人ばかりでは、すべては後退していきます。

今いる場所でできることをしない人は、社会や政治、商売や産業の発展を妨げるお荷物です。彼らの分まで、ほかの人が大きな犠牲を払って頑張らなければなりません。こうした人々がいなければ、世界はもっとスムーズに進歩していくはずです。

今いる場所でできることをしない人は次元の低い過去の遺物であり、退化していく傾向さえあります。できることさえしない人ばかりの社会に、進歩はありません。社会の発展は、「肉体」「精神」「知性」の発達のあるところに起こるのです。

**生物の進化も、生命力が限界を超えたときに起こります。**

ある生き物が、今持っている機能ではおさまりきらない生命力を持つようになると、進化が起こります。もっと高次の器官を発達させた、新たな種が誕生するのです。生息している場所におさまりきらなくなった生物がいたからこそ、新たな種が生まれてきたのです。

この原理は、あなた自身にも当てはまります。**あなたが金持ちになれるかどうかは、これを応用できるかどうかにかかっています。**

## 日々「効率のいい行動」をしていれば、自然と金持ちになる

私たちの毎日は、成功と失敗の繰り返しです。

望むものを、少しでも引き寄せることができた日は、成功した日と言えます。

毎日、失敗つづきなら、金持ちにはなれません。毎日が成功であれば、金持ちになるのは必然です。

今日、するべきことをしなければ、それについては失敗したことになります。そしてその失敗は、思いもよらない悲惨な結果をもたらす恐れがあります。

ほんの些細な行動だからと、あなどってはいけません。なぜなら、神が、あなたの願いを実現させるために宇宙の物質や人の営みを、どう組み合わせて、どう動かしているかは、知る由《よし》もないからです。

**つまり、何気ない行動に、結果が大きく左右される可能性があるということ。**

些細な行動1つで、大きな可能性の扉が開かれることもあります。

逆に、些細な行動を怠ったり、失敗したりしたせいで、望むものを手に入れるのが大幅に遅れることもあるのです。

毎日、その日にできることを「すべて」やってください。

ただし、気をつけて欲しいことがあります。

短時間で可能なかぎりの多くのことをこなそうとして猪突猛進し、オーバーワークになってはいけません。明日やる予定の仕事を今日のうちにやろうとか、1週間分の仕事を1日でやってしまおうなどとは思わないことです。

重要なのは、こなした仕事の量ではなく、1つひとつの仕事をどれだけ効率的にしたかという点です。

**すべての行動は、「効率的なもの」と「そうでないもの」に分かれます。**

非効率な行動は、失敗を意味します。効率の悪い行動ばかりしていると、人生そのものが失敗に終わるでしょう。非効率な行動ばかりするなら、何かをすればするほど状況が悪化していきます。

これに対し、効率的な行動は成功を意味します。すべてにおいて効率よく行動するなら、人生においても、必ず成功する運命にあります。

失敗するのは、非効率な行動が多くて、効率的な行動が少ないからです。

仮に効率の悪い行動をいっさいしないで、すべての行動を効率よく行なったとしたなら、金持ちになることは明白でしょう。

それは数学同様に、完璧な科学だと実感できるはずです。

そこで問題になってくるのは、あなたが1つひとつの行動を成功に導けるかどうかということです。もちろん、可能です。

**あなたなら、すべての行動を成功させることができます。**なぜなら、神が、あなたとともに働いているからです。そしてその神に、失敗はあり得ないからです。

神はいつでも、あなたのために働いてくれます。

そして、効率をあげるには、自分自身の行動に力を注ぐだけでいいのです。

## どうしたら、すべての行動を効率よくできるか？

あなた自身の行動は、「パワフルなもの」と「そうでないもの」に分かれます。

**そしてすべての行動が、力のこもった「パワフルなもの」であるとき、あなたは成功に向けた「具体的な行動」を起こしていることになり、金持ちになることができます。** イメージを抱きながら、「決意」と「信念」のすべてのパワーを注ぎこんで行動すれば、とても力強く、効率よく動けるのです。

「思考の力」と「行動の力」を別物だと考える人は、この重要ポイントを見落としています。

そういう人は、あるときにある場所で思考して、まったく別のタイミングや別の場所で行動するという非効率なことをしています。それでうまくいくはずがありません。けれども、決意と信念をあらゆる行動にこめたならば、どんなに取るにたらない行動も、いい結果をもたらすようになるのです。

**そして、1つうまくいくと、次々と物事がうまく運ぶようになります。**

それが自然の摂理です。あなたが望むものに近づくスピードも、望むものがあなたに近づいてくるスピードも、どんどん加速していきます。

**成功が積み重なると、さらに大きな成功を引き寄せることができます。**

あらゆるものは、もっとよく生きたい、もっと繁栄したいと渇望しています。ですから、誰かが、いきいきとサクセスロードを歩みはじめると、それにつれてあらゆるものがその人の元に集まり、その人の願望の影響力もどんどん大きくなっていくのです。

毎日、その日にできることは、すべてやりましょう。

そしてすべて、効率的に行動してください。

## 願望を叶えるスピードを、さらにアップするには？

どんなに些細な行動をするときも、日常のルーティンワークをこなすときも、ビジョンを持ちつづけなさいと言いましたが、四六時中、こと細かなイメージを思い浮かべろというわけではありません。細部までイメージしてしっかり記憶に刻む作業は、時間のあるときにやればよいのです。

**もし、一刻も早く結果を出したいなら、自由時間をすべてこれに振り分けてください。**たえず思いをめぐらせていると、イメージ全体が細部まで強く意識に刻みこまれ、「形のない物質」の意識に完璧な形で伝わります。

いったんそうなれば、仕事の合間にちょっとイメージを喚起するだけで決意も信念も強まり、ものすごい力を発揮できます。

空いた時間に理想のイメージを頭に刻みつけておきなさい。そして、いつでも軽く思い浮かべただけで、ワクワクと胸が躍るエネルギーを喚起できるようにしておく――これが願いを叶えるスピードアップのコツです。

最後に、本章で学んだポイントを加えたまとめを記しておきます。

1 万物は、ただ1つの「思考する物質」つまり、「形のない物質」が元となって創られている。この「物質」は原始の状態で、宇宙空間の隅々に満ちている。

2 この「物質」の内部に抱かれた思考は、そのとおりの形を現実に生みだす。

3 人は、イメージをこの「物質」に投影することで、創りたいと思っているものを現実に出現させることができる。

4

そのためには、意識を「競争」から「創造」のレベルに引きあげ、望んでいるものの明確なイメージを心に思い描いて、確かな「決意」と揺るぎない「信念」の下にそのイメージを維持しなければならない。そして、深い「感謝」の念を持ちつづけること。

決意や信念を揺るがせたり、イメージを曇らせたりするものは、意志の力で遠ざけ、意識からシャットアウトする必要がある。

5

望むものが目の前に現れたとき、それを受け取るには対価が必要である。対価を用意する行動を、今すぐに起こすこと。その行動とは、新しいことや大きなこと、特別なことではない。「現在」おかれている環境の中でできることや、目の前のやるべき仕事に集中することである。

6

望んでいるものをより早く手に入れるためには、その日にできることを、すべて行なうこと。しかも、効率よく行なっていくこと。

第12の秘密・ポイント

今いる場所におさまりきらないほど大きくなって、はじめて、あなたはステップアップすることができます。

ですから毎日、その日にできることをすべてやってください。

ただし、量を多くこなせばいいというものではありません。

重要なのは、すべての行動を効率よくやるということです。

## 第13の秘密

THE RIGHT TO BE RICH

# 自分の「好きなこと」をして金持ちになるために

——真の喜びも豊かさも、両方得れば、やはり楽しい！

どんな仕事でも、成功できるかどうかは、あなたにその仕事をうまくこなす能力があるかどうかで決まります。

音楽の才能がなければ、優れた音楽教師にはなれません。機械を操作する熟練した技術がなければ、機械技師としての成功はおさめられません。機転とビジネスセンスを持ち合わせていなければ、ビジネスで成功はできません。

**しかし、能力が高ければ必ず金持ちになれる、というわけでもありません。**

すばらしい才能があるのに貧乏な音楽家もいますし、優れた職人なのに貧しい

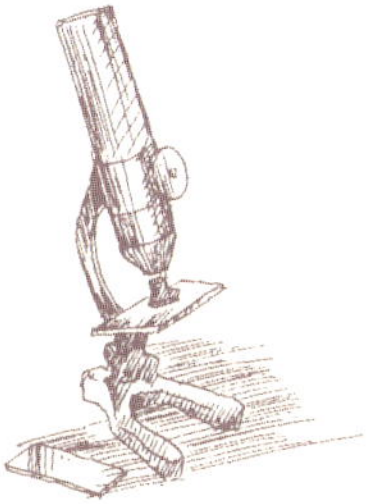

大工もいます。抜群の交渉センスがあるのに、豊かでないセールスマンもいます。

**成否を分けるのは、「能力」という、目に見えない「道具」の使い方です。**

いい仕事をするには、いい道具が欠かせません。しかし、その道具を「正しく使うこと」もまた、非常に大切なのです。

よく切れる鋸《のこぎり》と曲尺《かねじやく》、削りの正確な鉋《かんな》を使って、ある人が見事な家具を作りました。だからといって別の人が同じ道具を使っても、同じく見事な家具を作れるとはかぎりません。

いくら道具がよくても、それを正しく使うことができなければならないからです。

## 生まれ持った才能の、ある・なしを気にしてしまう人へ

**あなたに備わっている様々な能力は、「道具」です。**

金持ちになるには、その能力を正しく生かしていく必要があります。

持てる「道具」を存分に生かせる仕事に就けば、ずっとたやすく成功できるのは確かです。

そして一般的には、あなたの強みを生かせる仕事、いわゆる「天職」に就けば、一番うまくいくといわれます。

ただし、これも絶対というわけではありません。

**生まれつき得意な分野以外の仕事も、常に視野に入れておくべきです。**

「どんな仕事に就いたとしても」金持ちになることはできるからです。

**もし、その仕事に必要な能力がなければ、磨けばいいだけのこと。**仕事をしながら「必要な道具」を作っていけばいいわけです。

誰でも、基本的な能力さえあれば、希望する仕事に必要な能力はいくらでも伸ばすことはできます。

だから結局、どの分野を選んでも成功する可能性はあるのです。

要するに、生まれ持った「道具」に縛られる必要はないということです。

## やりたい仕事をやっていいのか?

確かに、「好きでない仕事」でも、自分に適した分野の仕事をすれば、さほど努力しなくても金持ちになることができます。

けれども、自分が「やりたいと望む、好きな分野の仕事」をすれば、金持ちになれるうえに、最高の満足感とやりがいを手に入れることもできるのです。

人生は、やりたいことをするためにあります。

**やりたくもないことを延々とやりつづけるだけで、やりたいことができない人生に、真の喜びはありません。**

あなたがやりたいと思うことは、必ずできます。

なぜなら、それを「したい」という願望があるということは、あなたに、それをやれる力があるという証拠だからです。

**欲求とは、「内側にある力」が表出したものにほかなりません。**

音楽を奏でたいという欲求があれば、それはあなたの中に潜んでいる音楽を奏でる能力が、自らを表現したがっているということです。

機械を発明したいという欲求が湧きあがってくれば、機械を作る才能が自らを表現しようと表出してきたのです。

そもそも能力がなければ、「したい」という欲求は生じません。

すでに高い能力が身についていようがいまいが、「どうしてもこれがしたい！」という強い欲求があるなら、それをなしとげるだけの能力があるということです。あとは適切な方法でその力を伸ばし、存分に活用していけばいいのです。

特にこれといってやりたい仕事がないなら、得意分野の仕事を選ぶのがベストでしょう。

けれども、ほかにどうしてもやりたい仕事があるなら、その仕事を最終的な目標に据えるべきです。**したい仕事をしていいのです。**自分に合った仕事、満足できる職業を求めることは、あなたが持って生まれた当然の権利です。

好きでない仕事をする義務はありません。やりたいことをやるために必要ならば別ですが、そうでなければそれに縛られる必要はないのです。

そうはいっても、転職をあせってはいけません。

**仕事や環境を変える最善の方法は、「自分が成長すること」です。**

かつて判断を誤ったせいで望まない仕事に就いてしまった人は、しばらくはその状況に甘んじなければならないかもしれません。けれども今の仕事をすることで、いずれ希望の仕事に就けるという気持ちでいれば、今の仕事も楽しめるでしょう。

## 転職のチャンスがやってきたときのポイント

これというチャンスがきたなら、じっくり考えたうえで、思いきって一歩を踏みだしてください。変化を恐れてはいけません。

**ただし、少しでも疑念を感じたら、あせって動いてはいけません。**

創造的な状態にあるときは、急ぐ必要はまったくありません。チャンスは無限にめぐってくるからです。

**競争心を捨てたなら、急ぐ必要などないということに気づくはずです。**

あなたのやりたいことを、奪おうとする人などいません。誰もが望むものを得られるのです。万が一誰かに希望のポストを取られたとしても、少し待てば、もっとすばらしいチャンスが必ずやってきます。時間はたっぷりあるのです。

## 「迷い」や「あせり」を感じたら……あの大事なことを忘れているサイン

疑念や迷いが生じたときは、待ちましょう。

そして基本に立ち戻って望むイメージを思い描き、手に入れる決意と、手に入るという信念を強化してください。そして感謝の気持ちを深めるのです。

1日か2日、理想のイメージにじっくり集中し、それが現実になることに心から感謝してすごしてみてください。

人生を向上させていくという決意と信念を持ち、心からの感謝を抱けば、あなたの意識が神と一体化できます。**そうなれば、行動を誤ることはなくなります。**

誤った行動を取ってしまうのは、あせって不安を抱き、人から奪わずに万物を繁栄させるという「正しい目的」を忘れているのが原因です。

「引き寄せの法則」を実践していれば、いくらでもチャンスが押し寄せてくるようになります。

決意と信念をしっかり保ち、敬虔《けいけん》な感謝の念を持って「全体意識」に寄り添いつづけてください。毎日できることをすべて、完璧にこなしてください。あせりや不安は追い払いましょう。

**スピーディーに進めることは大切ですが、決して急いではいけません。**急いでしまうと、あなたは再び「創造」から「競争」のレベルに落ちてしまいます。

自分が急いでいると気づいたら、立ち止まってください。

理想のイメージに集中し、それが現実になることに感謝の気持ちを捧げましょう。感謝は、あなたの信念を着実に強化し、決意も新たにしてくれます。

転職するかどうかはさておき、今、携わっている仕事に専念してください。

日々の仕事で、「引き寄せの法則」を実践し、その仕事を建設的に利用すれば、あなたは、どんな〝望む仕事〟にも、必ず就くことができます。

## 第13の秘密・ポイント

どんな仕事でも、成功できるかどうかは、あなたにその仕事をうまくこなす能力があるかどうかで決まります。

一般的には、あなたの強みを生かせる仕事に就けば、一番うまくいくといわれます。

しかし、生まれつき得意な分野以外の仕事も、常に視野に入れておくべきです。どんな仕事に就いたとしても金持ちになることはできるからです。

特にこれといってやりたい仕事がないなら、得意分野の仕事を選ぶのがベストでしょう。けれども、ほかにどうしてもやりたい仕事があるなら、その仕事を最終的な目標に据えるべきです。

## 第14の秘密

THE RIGHT TO BE RICH

# 愛され、好かれ、人を惹きつけて金持ちになる法

――豊かな人間関係は、孤独を癒し、真の充足を運んでくる

ビジネスのやり取りをする際は、相手に直接会うときはもちろん、手紙など間接的なやり取りをするときも、常に「繁栄のイメージ」を相手に伝えることが重要です。

**「この人と取引すれば、物事が発展するだろう」という印象を与えるのです。**

すべての人は、繁栄したいと願っています。それは、人間の内部にある「思考する物質」の、より完璧に自分を表現したいという衝動にほかなりません。

繁栄への欲求は、自然界のすべてのものに内在しています。それは宇宙の根幹

をなす衝動です。人類のあらゆる営みは、この欲求から生じているのです。

人々は、もっと多くの食べもの、もっといい衣服、もっといい住まい、もっと便利で美しいものが欲しい、もっと多くを知りたい、もっと楽しみたいと願っています。もっと豊かに繁栄することを望んでいます。

命あるものはすべて、向上しつづける宿命にあります。

**成長、発展が止まった瞬間に、生命は死に向かい、滅びます。**

人は本能的にこれを知っていて、それゆえに、より多くを求めつづけるのです。

この「繁栄の法則」は、イエスの、才能のたとえ話の中でも示されています。

「持っている人はさらに与えられ、持っていない人は持っていると思うものまでも取りあげられる」

富を増やしたいと思うのは、ごく自然な感情で、悪いことでもなければ非難されるべきことでもありません。それは、もっと豊かな生活をしたいと渇望しているにすぎません。

繁栄したいという願望は、人間に深く根づいた本能です。

だからこそ誰もが、人生をより豊かにしてくれる人に惹きつけられるのです。

## 「また会いたい」と思われる、魅力的な人に変わる法

これまで述べてきた「引き寄せの法則」を守っていけば、あなたは繁栄しつづけ、あなたと関わるすべての人にも、繁栄をもたらします。

あなたは、万物を繁栄させる創造の源であるのです。

これを確信してください。

そしてこの真理を、あなたが関わる老若男女、すべてに伝えるのです。

ほんの小さな取引——たとえば小さな子どもにキャンディーを1つ売るような

ときでも、「これで相手も発展・成長するのだ」という思いをこめ、相手に繁栄のイメージを伝えてください。

何をするにも、繁栄のイメージを伝えることです。**ビジネスになるかどうかを抜きにして、会う人すべてに「あなたを発展させてあげられる」という繁栄のイメージを伝えるのです。**

そうすれば、誰もが、あなたと関われば自分も豊かになれると感じるでしょう。

こうしたイメージを相手に伝えるには、まず自分が「豊かになりつつある」と確信し、その信念をあらゆる行為にこめる必要があります。

何をするにも、**「自分は向上していく人間であり、あらゆる人を向上させていくことができる。金持ちになるのが、自分の運命である。そして、他者にも利益をもたらしていくのだ」**という揺るぎない信念を持って、行動してください。

## 伝え方1つで、取引先も友人も、続々増える

**成功を自慢したり、吹聴したりしてはいけません。** 本当に成功を確信していれば、そのようなことはしないものです。

自慢するということは、内心、疑念と不安を感じているということです。

信念を心に刻み、あらゆる取引にその信念を反映させましょう。

**言葉で伝える必要はありません。**

すべての行動、声、表情に、「金持ちになりつつある」「すでに豊かである」という静かな自信をみなぎらせればいいのです。

そうすれば、あなたがそこにいるだけで相手は豊かさを引き寄せるオーラを感じ、あなたに惹きつけられます。

あなたに関わると発展していける、と相手に感じさせることが大切です。**それ**

**によって、あなたは、相手から得た金銭的価値以上のものを与えていることになります。**

ですから、自信を持って繁栄の念をすべての人に伝えてください。

**そうすれば、取引相手に困るようなことはなくなります。**

人は、自分に多くのものをもたらしてくれる人のところに集まります。

そして、万物の繁栄を願う全知全能の「物質」は、あなたのことを知らない人々までも、あなたの元に呼び寄せるでしょう。

**あなたの商売はどんどん繁盛し、夢にも思わなかった莫大な利益が次々ともたらされはじめます。**事業は日々拡大し、得意先もますます増えて、その気になればもっと自分に合った仕事にも移れるようになります。

しかし、こうした嬉しい状況にあっても、あなたは望んだもののイメージを見失ってはいけません。それを手に入れるという「決意」と「信念」もです。

## この"邪悪な欲望"に流されたら、地の底に落ちる

人間の行動の原動力に関して、「自慢」のほかに、もう1つ注意しておきます。「人を支配したい」という甘い誘惑には、くれぐれも用心してください。**未熟で未完成な人間にとって、他者を支配することほど魅力的なものはありません。**

身勝手な人間の支配欲は、世界中に多大なる苦しみをもたらしてきました。古来より、王や領主の領地拡大の争いにより、多くの血が流されてきました。万人の繁栄を願ってではなく、自分がより大きな力を得るためにです。

今日、実業界や産業界をつき動かしている動機も、これと同じです。人々は、ドル札という姿の軍隊を率いて、支配権の獲得に血眼になっています。何百万、何千万という人生を踏みにじっています。

イエスは、**この支配欲こそが、邪悪な世界の背後にある原動力**であると気づい

ていました。マタイ伝第23章を読めば、ファリザイ派の人が、いかに「師」と呼ばれることや上席に座ることを望み、他者を支配し、他者に重圧を課す欲望にまみれていたかがわかるでしょう。

また、イエスが、「万人の利益を追求する行為」と、「支配欲」を比較していた点にも注目してください。

**権威が欲しい、人の上に立つ「師」と見なされたい、着飾って他を圧倒したいといった誘惑には、くれぐれも注意することです。**

支配したいという気持ちは「競争心」であり、「クリエイティブ《創造的》」な状態ではありません。

**環境や運命を変えるのに、人を支配する必要はまったくありません。**

ポスト争いなどに足を踏み入れたが最後、逆に環境に支配されていきます。そしてその状況下で豊かになるには、運に任せるか投機に賭《か》けるしかなくなります。

オハイオ州トリド市の故ジョーンズ市長は、これが口癖でした。

**「自分が求めているものを、すべての人に与えたい」**

この言葉は、まさに創造の原点を述べたものです。

## 第14の秘密・ポイント

ビジネスのやり取りをする際には、常に「繁栄のイメージ」を相手に伝えることが重要です。誰もが、人生をより豊かにしてくれる人に惹きつけられるからです。

あなたに関わると発展していける、と相手に感じさせることが大切です。

そして、相手がそのように感じるようになれば、あなたの商売はどんどん繁盛し、夢にも思わなかった莫大な利益が次々ともたらされるようになります。

「人を支配したい」という甘い誘惑には、くれぐれも用心してください。

支配欲を抱くと、あなたは逆に環境に支配されていきます。

第15の秘密

THE RIGHT TO BE RICH

# 賃金労働者から大金持ちになる方法

## ――出世も、起業も、思いのままに！

第14の秘密で述べたことは、いわゆるサラリーマンにも、商売や専門職に従事している人にも、すべてに当てはまります。

どんな職業に従事していても、他者の生活を豊かにし、真理に目覚めさせる人の元には、人が集まり、豊かになっていきます。

### こんな医師や教師は、大繁盛が約束されている

名医として成功している自分のイメージを抱き、「決意」と「信念」「感謝」を

持ってその実現を目指す医師は、「生命の根源」と結びつき、驚くほど大きな成功をおさめます。患者が群れをなして押し寄せるでしょう。

医療分野を問わず、開業医は本書の教えでとりわけ大きなチャンスを得られる職業です。治療の基本原則はすべての医術に共通で、誰でも習得できるからです。

成功した自分のイメージを鮮明に描きつづけ、「決意」「信念」「感謝」を忘れずにいる開業医は、どのような治療法を用いようと、それが治療可能なものであればすべて治していくことができるでしょう。

教育分野においては、真に豊かになる方法を教えることのできる教師が、切実に求められています。真に豊かになるための、この科学的「引き寄せの法則」に加えて、健康な肉体をつくる法、人々に愛される人間性を築く法を、自ら実践している教師は、それを生徒に伝えていくことができます。

というより、教師自身が実践できているなら、それが教え子に伝わらないはずがありません。こういった知識は、ただ理論を語るだけでなく、身をもって示してくれる教師が必要なのです。

裕福で健康で人々に愛される人間性を実現している教師こそ、手本となり、その方法を説くべきなのです。そして、そんな教師が仕事を失うことはありません。

これまで述べてきた思考と行動を実践すると、必ず成果が現れます。

**失敗はあり得ません。手順を守り、ねばり強くつづけていけば、必ず富を得ることができます。「引き寄せの法則」は、重力の法則と同様の数学的真理です。ほかの学問同様の、完璧な科学なのです。**

## 出世を望むなら、この3つをプラスすること

この法則は、医師、教師にかぎらず、エンジニアやセールスマン、設計士、デザイナーなど、あらゆる賃金労働に従事しているサラリーマンやパートタイマー

に当てはまります。

出世のチャンスがない、給料は安いし物価は高い、こんな状況では裕福になれない、などとあきらめてはいけません。

望む状態を鮮明にイメージし、「決意」と「信念」、そして「感謝」を持って行動してください。そして毎日、できることをすべてやりましょう。しかも、効率よく、つまり、「金持ちになる」という決意をこめて臨むのです。

**しかし、それだけで雇用主や上司に目をかけてもらい、昇進させてもらえると思ってはいけません。**なぜなら、能力を最大限に発揮することに満足している「いい」人間は、雇う側にとっては貴重な存在であり、昇進させずに、今のポストにおいておいたほうが都合がいいからです。

確実にステップアップ、つまり「昇進」するには、今の場所におさまりきらない存在になることに加え、次の3つのプラスアルファが必要です。

**それは、「こうなりたいという明確なビジョン」と、「そうなれるという信念」、そして「必ずなってみせるという強い決意」の3つです。**

そのうえで、**自分自身がステップアップするために**、与えられた役目を超える力を発揮するのです。**決して、雇用者を喜ばせるためではありません。**

## チャンスは、こんな形でやってくる

**仕事中のみならず、朝も晩も、もっと稼ぐ決意と信念を持ってください。**

同僚や上司、仕事以外で出会う人、関わる人すべてに決意のパワーを発散し、繁栄のイメージを伝えていきましょう。

そうするうちに、人々はあなたに惹きつけられます。

**仮に、今の仕事で昇進の可能性がなかったとしたら、別のもっといい仕事に就くチャンスがすぐにめぐってきます。**

「引き寄せの法則」にのっとって具体的な行動を起こしている人には、宇宙の力により、必ずチャンスがもたらされるのです。必ず神の協力が得られるのです。なぜならそれは、神自身を助けることになるからです。
いかなる環境も、いかなる企業も、あなたを縛りつけておくことはできません。「サラリーマン」であるかぎり裕福になれないというなら、ちょっとした土地を手に入れて農業をはじめるのもいいでしょう。
「引き寄せの法則」にしたがっていれば、必ず企業の呪縛から解放され、農場でもどこでも、望むところに移ることができます。

数千人の従業員が「引き寄せの法則」を実践しはじめれば、企業は、たちまち深刻な状況に陥るでしょう。昇進のチャンスを増やさなければ、つぶれてしまうかもしれません。

**企業が労働者を希望のない状態にとどめていられるのは、労働者が、この金持ちになるための科学を知らないか、やる気がないからにほかなりません。**

誰であっても、企業に縛られる義理はないのです。

さあ、以上のように考え、行動することです。

そうすれば、チャンスや状況がめぐってきたときに、すぐに気づくことができるでしょう。

しかも、**チャンスはすぐにやってきます。**「万物の内で活動し、あなたのために働いている至高の存在」が、チャンスを引き寄せてくれるからです。

**ただし、一度にすべてを実現できる完璧なチャンスを待っていてはいけません。**

今の状態より少しでもよくなりそうで魅力を感じるなら、それをつかみましょう。

それは、より大きなチャンスへとつづく第一歩となります。

**宇宙は、進化しつづける人に必ずチャンスを与えるようにできています。**

宇宙には、すべてを与え、あらゆる協力をするメカニズムが内在しています。

**「引き寄せの法則」にしたがってイメージし、行動した人は、金持ちになるのが**

必然なのです。例外はありません。

本書をじっくり読み、信じて実践すれば、必ず成功します。

## 第15の秘密・ポイント

どんな職業に従事していても、他者の生活を豊かにし、真理に目覚めさせる人の元には、人が集まり、豊かになっていきます。失敗はあり得ません。

手順を守り、ねばり強くつづけていけば、必ず富を得ることができます。

確実にステップアップするには、今の場所におさまりきらない存在になることに加え、次の3つのプラスアルファが必要です。

「こうなりたいという明確なビジョン」と「そうなれるという信念」、そして「必ずなってみせるという強い決意」の3つです。この3つを持っていれば、いかなる環境も、いかなる企業も、あなたを縛りつけておくことはできません。

第16の秘密

THE RIGHT TO BE RICH

# 必ず注意しておくべき「7つのポイント」

## ――すべてが豊かなユートピア、「別世界」の住人になるために

**「金持ちになるための完璧な理論が存在する」**などと言うと、多くの人は鼻で笑うでしょう。富にかぎりがあると考えている彼らは、社会や政治が変わらないかぎり、生活水準があがることはまずないと思っています。

しかし、これは間違った考えです。

確かに、現在の政府の下では多くの人が貧しい暮らしをしています。けれどもそれは、人々が「確実な方法」に沿った考え方や行動をしていないからです。

もしも、大衆が本書のとおりに行動しはじめれば、政府も産業界もそれを阻止

することはできません。あらゆる体制が改革されていくでしょう。

どんな政府の下にあっても、「引き寄せの法則」にしたがえば、豊かになっていくことが可能です。また、そのような人々がある程度の数に達すれば、いかなる政権であれ、すべての人にチャンスを提供する体制に変わらざるを得ません。

## どんどんひらめく！ 意識をクリエイティブに保つために

**「競争」**に勝つことで豊かになる人が増えれば増えるほど、他者の状況は逆に悪化していきます。

しかし、「創造《クリエイティビティ》」によって豊かになる人が増えれば増えるほど、他者の状況は好転していきます。

大衆を貧困から救うには、一人でも多くの人が本書の理論を実践して、豊かになっていく以外に方法はありません。そうやって誰かが見本となって大衆に道を示すことで、「真の人生への渇望」「実現してみせるという決意」「実現するという信念」を植えつけてやるのです。

しかし、とりあえず今は、次のことさえわかっていれば十分です。それはすなわち、どんな政府も、資本主義体制も競争社会も、あなたが豊かになるのを決して妨げられないということです。**意識が、「創造のレベル《クリエイティブな状態》」に引きあげられると、あなたはこれらのすべてから解放され、別世界の住人になります。**

以下に、あなたの意識をクリエイティブな状態に保つための7つの注意点を示しておきます。

### Caution 1

**一瞬たりとも、富はかぎられていると思ったり、競争の次元に落ちたりしてはいけません。**古い思考パターンに戻ってしまったときは、速やかに軌道修正してください。競争意識に陥っているときは、「全体意識」の協力は得られません。

## Caution 2

**将来の不測の事態をあれこれ思い煩《わずら》ってはなりません。**今日の仕事を効率よくこなすことに専念してください。明日の事態には明日対処すればいいのです。仕事の問題についても、今すぐ対処しないと回避できないというわけでなければ、今から心配するのはやめましょう。

遠くに途方もなく大きな障害があるように思えたとしても、「引き寄せの法則」に基づいて前進していけば、近づくにつれてそれは**消えていきます。あるいは、乗り越える方法や、回避する方法が見つかります。**

災害や障害物、恐慌など、もろもろの逆境が一度に襲いかかってくるのではないかと、今から心配するのは無駄なことです。

どんなに悪条件が重なったとしても、科学的な「引き寄せの法則」にしたがって豊かさに近づいている人は、2×2が必ず4になるように、必ず、豊かになっていきます。そしてまた、いかなる困難にも解決策が用意されているとわかってくるはずです。

## Caution 3

**話す内容に気をつけてください。否定的な口調や、相手を暗い気持ちにさせる話し方はいけません。失敗の可能性を決して認めてはいけませんし、ほのめかすのも禁物です。**

不景気だとか、仕事がうまくいっていないといったことも、口にしてはなりません。そのような状態は競争のレベルにいる人だけが経験することで、あなたには無縁です。

望むものを創造できるあなたは、不安を超えた存在です。ほかの人が逆境にあえいでいるときも、あなたは自分には大きなチャンスが開けていることに気づくでしょう。

「世界は発展途上にある」と思ってください。一見悪く見えることは、未発達な状態にあるだけだと考えてください。どんなときでもすべてはよい方向に向かっているという視点を持って話しましょう。

進歩を意識しない話し方は信念の否定を意味し、否定すれば信念は失われます。

Caution 4

**どんなときも失望してはいけません。**期待していた時期に、願いが叶わなければ、うまくいかなかったと残念に思うかもしれません。しかし信念を持ちつづけていれば、それはただ失敗のように見えただけ、とわかるでしょう。

**「引き寄せの法則」を実践していれば、すぐに、もっとすばらしいものがあなたの元に届きます。**失敗だと思っていたことが、大いなる成功へのステップだったとわかるでしょう。

参考までに、この理論を学んだ、ある男性の例を紹介しておきましょう。

彼は、ある企業と事業のタイアップをしたいと考え、成功させると決意して、数週間、その実現のために努力しました。

ところが！　いざ、契約を結ぼうというときに、まったく理不尽な形でタイアップが失敗に終わったのです。まるで、目に見えない力が働いたかのようでした。

けれども彼は失望しませんでした。**逆に、もっと志を高めなさいというメッセージだと受け止めて神に感謝し、仕事をつづけました。**

すると数週間後、以前よりはるかに条件のよいタイアップのオファーがきたのです。もしすでに契約をしていたら、自分のところにはこなかった話でした。

そのとき彼は、自分よりはるかに多くの情報を持っている神が、より大きな成功に導いてくれたのだと気づきました。

**あなたに起こる失敗も、これと同じタイプのものです。**

「決意」「信念」「感謝の念」を絶やさず、毎日できることをその日のうちに効率よくこなしていくならば、あらゆる失敗は成功へのステップとなります。

**失敗は、求めたことが小さすぎた結果です。**失望せずに求めつづけていれば、もっともっと大きな富があなたに引き寄せられます。

## Caution 5

## やりたいことがあるけれど、能力がないからできないなどと思ってはいけません。

これまでお話ししてきたことを実践すれば、**必要な能力は必ず身についていきます。**本書では能力を高める方法までは解説しませんが、これも金持ちになるプロセスと同じくらいシンプルで確実なプロセスです。

自分の力ではとても無理だと思われる状況が目の前に迫ってきても、大丈夫です。前進しつづければ、そこにたどりついたときには必要な能力が身についています。

リンカーンは、十分な教育を受けていませんでしたが、誰もまねできないほどの偉業をなしとげました。

**あなたにもそれと同じ「能力」があります。**責務を果たすためであれば、いくらでも必要な知恵を引きだすことができます。揺るぎない信念を持って前進してください。

Caution 6

**本書を熟読してください。本書を肌身離さず持ち歩いて、内容を完全に理解してください。**信念が固まるまで、娯楽のたぐいは、ある程度ひかえたほうがいいでしょう。

Caution 7

**本書と違うことを教える講演会などに、足を運んではいけません。**悲観的なものや、本書と異なる考えの本も読まないでください。そのようなことを議論してもいけません。「はじめに」で紹介した哲学者の本以外は、できるだけ読まないようにしましょう。

余った時間があれば、欲しいものを思い描いたり感謝の気持ちを抱いたりすることに使ってください。もちろん、本書を読むことも大切です。

本書には、金持ちになるためにあなたが知っておくべきことが、すべて書かれています。

次の第17の秘密に、本書全体のエッセンスを記しておきます。

## 第16の秘密・ポイント

「創造」によって豊かになる人が増えれば増えるほど、他者の状況は好転していきます。

ですから、あなたも「創造」によって豊かになることを目指してください。

一瞬たりとも、富はかぎられていると思ったり、競争の次元に落ちたりしてはいけません。将来の不測の事態をあれこれ思ってもいけません。否定的な口調や、相手を暗い気持ちにさせる話し方もいけません。どんなときも失望してはいけません。能力がないからできないなどと思ってもいけません。

これまでお話ししてきたことを実践すれば、必要な能力は必ず身についていきます。本書を完全に理解するまで熟読してください。

第17の秘密

THE RIGHT TO BE RICH

# 確実に金持ちになる「引き寄せの法則」のまとめ

◇万物は、ただ1つの「思考する物質」つまり、「形のない物質」が元となって創られている。この「物質」は原始の状態で、宇宙空間の隅々に満ちている。

◇この「物質」の内部に抱かれた思考は、そのとおりの形を現実に生みだす。

◇人は、この「形のない物質」に思考（イメージ）を投影することで、創りた

いと思っているものを現実に出現させることができる。

◇ そのためには、意識を**「競争のレベル」**から**「創造のレベル」**《クリエイティブな状態》に引きあげること。そして望むものの明確なイメージを思い描いて、確かな「決意」と揺るぎない「信念」のもとに、そのイメージを維持しなければならない。そして、深い「感謝」の念を持ちつづけること。

決意や信念を揺るがせ、イメージを曇らせるものは、意志の力で遠ざけ、意識的にシャットアウトする必要がある。

◇ 与えられた恵みに心から感謝を捧げることで、人は「形のない物質」と完全に調和することができる。感謝の念を通じて、人の意識はこの「思考する物質」と一体化し、自分の思考（望み）をこの「物質」に伝えることができる。

創造する力《クリエイティビティ》を発揮する唯一の方法は、深い感謝の念を抱きつづけ、この「思考する物質」と一体化することである。欲しいもの、やりたいこと、なりたいもののイメージを持ちながら、それがもうすぐ現実になることに心から感謝すること。

◇一刻も早く金持ちになりたいなら、空き時間をすべてイメージすることに集中し、イメージをどんどんふくらませること。

◇創造のエネルギーは、すでに確立されているルート（自然の成長法則や、産業ライン、社会秩序など）を通じて働く。本書に書いたことを守る人には、心にイメージしたもののすべてが、必ず届けられるが、それは既存の流通経路を通じてもたらされる。

◇望むものが目の前に現れたときに、それを受け取るには、対価として「行動」を起こす必要がある。「行動」とは、以下のことである。

a 与えられた役目以上のことをこなして、今の仕事におさまりきらない存在になる。

b 思い描いたイメージを実現して、金持ちになるのだという決意を持ちつづける。

c 毎日、その日にやるべきことをすべて、効率よくこなしていく。

d すべての人に、受け取るものの金銭的価値以上の実用価値を与え、あらゆるやり取りで豊かにしていく。

e 前向きな意識を抱き、関わったすべての人に、繁栄のイメージが伝わるようにする。

◇これらのことを実行すれば、必ず豊かになっていく。そして、あなたがどれだけたくさん受け取れるかは、イメージの鮮明さ、決意と信念の固さ、感謝の深さによって決まる。

監訳者　あとがき

THE RIGHT TO BE RICH

# 「引き寄せの法則」を意識すればあなたも心がけ1つでお金持ちになれます

いかがでしたでしょうか？

あなたも、お金持ちになれる気がしてきましたか？

おそらく、まだ半信半疑で、自分にもできるのか、実践すれば本当にお金持ちになれるのかと、疑ってしまう心がまだ残っていると思います。

しかし、なぜ１００年以上も前の本がいまだに注目されているのか？

なぜ、ロンダ・バーンやアンソニー・ロビンズといった現代の大成功者たちが、この本を取りあげているのか？

それを考えてみてください。そして、騙《だま》されたと思ってでもいいので、この本を信じようとしてみてください。

ちょっとでも、この本の内容を信じてみる気持ちになれましたか？ 信じられるようになったら、実際にこの本に書いてあることを行なってみましょう。この本に書いてあることは具体的なので、何をすればいいのかすぐにわかると思います。「念ずれば叶う」「よい行ないをしていれば金持ちになる」という曖昧《あいまい》な話ではないので、今日から実践できることばかりです。

具体的に何をすればいいのかは、本書を振り返ってみるとよくわかります。たとえば、感謝して、競争をやめて、創造的な思考をして、明確なイメージを持って、自分を信じるようにすれば、お金持ちになれることがわかります。また、今の仕事を全力で行なって、決意を持ちつづけて、できることは毎日その日のうちにするようにして、完全を目指して、対価以上の仕事をして、前向きな姿勢を伝えるようにすれば、お金持ちになれることがわかります。

**どれも心がけ1つで、誰にでもできることばかりです。**たったこれだけで、お金持ちになることができます。何をすればいいのか忘れないように、毎日3分間だけ本書を見直して実践すれば、誰でもお金持ちになれるのです。

この非常にシンプルな「お金を引き寄せる法則」を活用して、お金持ちになるのか、それとも今のままでいるのか、あなたの人生を決めるのはあなた自身です。あなたの心がけ1つで、豊かな心を持つお金持ちになることもできますし、貧乏な批評家になることもできるのです。

**本書がきっかけとなり、あなたが、多くの資産や自由に使える時間、健康的な暮らしや周りの人を助けられるパワーを手にできることを心より期待しております。**あなたの人生の向上に、少しでもお役に立てましたら幸いに思います。

## 確実《かくじつ》に金持《かねも》ちになる「引《ひ》き寄《よ》せの法則《ほうそく》」

著　者――ウォレス・ワトルズ
監訳者――川島和正（かわしま・かずまさ）
発行者――押鐘太陽
発行所――株式会社三笠書房
〒102-0072 東京都千代田区飯田橋3-3-1
電話：(03)5226-5734（営業部）
：(03)5226-5731（編集部）
http://www.mikasashobo.co.jp
印　刷――誠宏印刷
製　本――若林製本工場

編集責任者　本田裕子
ISBN978-4-8379-5757-7 C0030
© Kazumasa Kawashima, Printed in Japan
＊本書のコピー、スキャン、デジタル化等の無断複製は著作権法上での例外を除き禁じられています。本書を代行業者等の第三者に依頼してスキャンやデジタル化することは、たとえ個人や家庭内での利用であっても著作権法上認められておりません。
＊落丁・乱丁本は当社営業部宛にお送りください。お取替えいたします。
＊定価・発行日はカバーに表示してあります。

監訳者の希望により、
本書の印税は全額、
ボランティア団体に寄付されます。

本書は、小社より刊行した文庫を、
加筆、改筆、再編集したものです。